全員を稼ぐ社員にする、

最強チームの作り方

Building the Ultimate Team

落ちこぼれゼロの組織マネジメント

ぱる出版

まえがき
「落ちこぼれをつくらない主義」の底力

本書では「不幸な社員をつくらない＝落ちこぼれをつくらないチームマネジメント」について、タカマツハウス㈱だけが持つ、湧き上がる組織の作り方を解説しています。

準大手ゼネコンの髙松コンストラクショングループが２０１９年に、成熟産業とされ、低成長が見込まれる「木造戸建住宅事業」に新規参入し、その事業立上げの責任者として白羽の矢が立ったのは、大手住宅メーカー積水ハウスで伝説と呼ばれる業績を上げた「藤原元彦」でした。

著者は、藤原の在籍した積水ハウスの最大のライバル会社大和ハウス工業出身で、縁あって共にタカマツハウス立ち上げから参画しました。本書はライバル会社で育った私から見た、当社藤原のチームマネジメントの極意をまとめたものです。

全く別の環境で育った私たちは共通言語である「住宅づくり＝幸せづくり」を原点とし「湧き上がる組織」を築きあげ、その極意には住宅会社で、長年お客様や社員の幸せづくりに携わったからこそ実現出来た「チームビルディング」のノウハウがあります。

お客様にとって住宅という一生で一番大きな買物を提供し、お客様にたくさんの幸せを提供しながら、業績を上げ続けるのは、時に困難が伴います。ともすれば成績不振で不幸な社員をつくってしまい、その結果組織は疲弊し、来る月も来る月も成果が上がらないチームになってしまいます。

成熟産業でも〝湧き上がる組織〟はつくれる

言うまでもなく、住宅メーカーはお客様を幸せにするために住宅を提供しています。幸せを提供するはずの住宅メーカーの社員が不幸であってはなりません。

藤原は「不幸な社員をつくらない」と言って、社員に徹底的に向きあいます。「営業の成果が上がらない」のではなく、「まわりの応援が足らない」のであるという方針をとり、社員を鼓舞し、「全員が一人の仲間の〝応援部隊〟となることで、四方八方からサポートが入る仕組み」つまり「囲い込む」体制を築きました。

それでも成果の出なかった営業担当者は「こんなに皆にしてもらったのに、申し訳ありません」「来月は必ずやります」という姿勢になっていくのです。ＫＰＩという乾いた目標で、マイクロマネジメントを得意としていた私にとってこれは衝撃的な出来事でした。

当社は、このチームマネジメントにより、異例とも言える成長をし、現在もその成長スピードは衰えることがありません。

本書は私のように住宅業界で湧き上がる組織づくりに悩むマネージャーに手に取ってもらい、元気な住宅会社をつくる一助になれば良いと考えています。

また住宅業界のみならず、様々な業種のマネジメントに携わる方々に手にして頂き、湧き上がる組織づくりに役立てば幸いです。

落ちこぼれをつくらない「最強チームの作り方」とは？

当社の〝落ちこぼれをつくらない〟「最強チームの作り方」の重要ポイントは以下の5つに集約されます。

1　落ちこぼれをつくらない〜応援して囲い込む〜
2　期待して寄り添う〜心の繋がりで1to1スキルアップ〜
3　一人の100歩よりも100人の1歩・2歩を重視〜最重要経営指標は「成約人率」
4　湧き上がる組織を作る〜人生と仕事に意味を〜
5　挑戦無くして成功無し〜内発的動機でやりたい事業をやる〜

藤原のマネジメントを一言で言い表すなら「組織と社員の意識改革」です。

これまでは大企業で新卒一括採用し同じカルチャーで育った社員を率いてきた藤原にとって、中途社員のみで組織されるチームのマネジメントは初めての経験でした。

本書のテーマは〝落ちこぼれをつくらない〟「最強チームの作り方」ですが、新卒であろうが、中途であろうが、藤原が心を揺さぶり、湧き上がる組織を作るのに変わりはなかったと言えます。社員の生い立ちがいかなるものであったとしても、人間の本質に直接訴えかけるマネジメントで必ず組織は湧き上がるのです。

さらに、社員が発言する言葉や、コミュニケーションにも目を光らせ、ネガティブな言葉や、団結を妨げる希薄化されたコミュニケーションを良しとしていません。何が組織に冷や水をぶっかけるのかよく知っているのです。

この言動と比較し、前職で私が行っていたマネジメントを振り返ると、社員を数字でしか評価せず、組織を鎮火させる言動を繰り返していたのかがよくわかります。

本書を手に取られた方には、いち早く「最強チームの作り方」を導入頂き、湧き上がる組織を作り上げて頂ければ幸いです。

『全員を稼ぐ社員にする、最強チームの作り方』 目次

第1章 全員が〝稼ぎ頭〟に化ける「最強チームの作り方」とは？

第2章　能力は十人十色 ——1on1スキルアップが組織を変える

第3章
熱狂組織をつくる〝One Team〟の法則
——愛のシステムづくり

第4章
できない人を〝見放す会社〟に未来はない

第5章 起業4年で年商191億円を達成できた〝これだけの理由〟

企画協力：潮凪洋介（HEARTLAND Inc）
長澤宏樹
編集協力：廣田祥吾

第1章

全員が〝稼ぎ頭〟に化ける「最強チームの作り方」とは？

落ちこぼれを作らない
～応援して囲い込む～

どのような組織においても、成績が上がらない社員は存在するものですが、同時に、ここで1つ言えることがあります。それは誰もが「落ちこぼれたいと思ってはいない」ということです。

タカマツハウスでは、人材採用の際に「覚悟を決めて努力出来る人材か？」「覚悟を決めねばならない背景を背負っているか？」を見ています。覚悟を決めなければならない背景というのは、守るべき家族や仲間がいる、転職を繰り返しているが、会社都合や環境が劣悪な会社で不遇な社会人人生を歩んできたが、自分が成長出来る会社で挑戦する覚悟を持っているなど、様々です。

当社に限らず、どのような会社の従業員でも、「この仕事なら頑張れる」と希望と覚悟を持って、就職したはずです。自分は人と話すのが好きだから営業が良いなとか、考えに考えを重ねて研究したり開発したりする仕事が好きだなと、自分の適性、ありたい姿をイメージして仕事を選んだはずです。**最初から落ちこぼれようと思って仕事を選んだ人などいないはず。**一生懸命努力した結果、思うような結果が出ず、自分一人ではどうしようもなくなって、落ちこぼれてしまうケースが多々あります。

このような社員を「応援して囲い込む」のがタカマツ流湧き上がる組織作りです。記憶に新しい2023年夏の選抜高校野球では、107年振りに慶応高校が優勝しました。選手の個性や自主性を大事にするチームマネジメントや、その結果個性豊かな選手の髪形や、これまでの高校野球の常識であった真っ黒に日焼けした選手達と違った印象が、ワイドショーなどでも繰り返し放送されました。

私たちの興味を引いたのは、選手の活躍や監督の指導法もそうですが、あの応援でした。勝ち進むほどに球場に応援に訪れるOBやファンが増え、決勝戦では甲子園球場のほとんどの観客が慶応高校野球部の応援団となり、サッカーで言うホームのような状態になりました。慶応高校野球部の選手たちは、家族や先輩や友人の大きな応援によって気持ちを鼓舞し、持てる力を存分に発揮し、107年振りの優勝を手にしました。

これが応援の持つパワーです。

私たちはこれと同様に、応援の持つパワーを組織作りに持ち込んでいます。当社では、落ちこぼれそうになっている社員を徹底的に応援します。営業の部署であれば、営業の上司、同僚、後輩。自らの部署にとどまらず、営業のバックオフィスや、管理部門に至るまで、実務や精神的な支援まで支援を続けます。落ちこぼれてしまうと、孤立して独りぼっちになってしまい、自分から周囲に声を掛けることも出来なくなってしまいますが、応援があって手を差し伸べてもらって、声を掛けてもらえるからこそ、独りぼっちの状態から脱出し、軌道を元に戻せるのだと思います。

２０２３年４－６月に当社で行われた「ロケットスタートキャンペーン」では長期間契約が出来ていない営業社員を会社全体で応援して、成果が出せることを目標にしました。

営業部門においては
・毎日の成果に対するフィードバック、ロールプレイング訓練、同行営業
営業事務においては
・未契約社員の案件の優先処理
設計部門においては
・未契約社員を優先的に作図
管理部門においては
・上司からの手紙を渡したり、そのフィードバック

このような応援を行うことによって、応援を受けた営業社員のなかから、早々に未契約を脱出出来た社員が現れました。その社員は、成果を発表する朝礼で「○○さんと、△△さんのお陰です」と声を震わせ感謝の意を伝えてくれました。それでも成果の出なかった営業は、「皆にこんなにしてもらったのに申し訳ないです」「来月には必ず成果を出します」と涙を流して悔しがりました。

このような、一見熱い話をすると、「御社は体育会系なのですか？」と質問されることがあります。特に採用面談でいまのようなエピソードを紹介すると、体育会系に苦手意識を持つ候補者から質問を受けることが多いのです。確かに結果にコミットし、結果のために自らに厳しい鍛錬を課すことの出来るアスリートは、特に成績が見えやすい営業職に向いていると言えるかもしれませんし、社員の３分の２が営業職である当社のような会社は体育会系出身の者も多く在籍します。学生時代に野球やサッカー、ラグビーなど団体競技で成果を上げた者は確かに覚悟を決めて結果にコミットしてくれます。

しかし、私たちは当社を体育会系の会社だとは思っていません。このような候補者の質問に対し、いつもお答えするのは「毎日文化祭のような会社ですよ」「文化祭もみんなで盛り上がったじゃないですか」と答えるようにしています。組織で目標を掲げ、湧き上がる組織によって、その目標を達成するのは、何もアスリートに限ったことではないということです。

どんな社員も家に帰れば日本一のお父ちゃん・お母ちゃん

当社では創業5期目にあたる2023年8月に、社員やその家族を招いてサマーイベントを実施しました。神奈川県茅ケ崎市の海の家を貸し切り、総勢150名を招いたイベントを行ったのです。

家族を集めての社内イベントというと、昭和の古臭さを感じるかもしれません。しかし、最近になって社内行事を見直す企業も出始めています。

かつて日本企業が実施してきた運動会・社員旅行などの社内行事は、バブル崩壊後は集団主義を廃止する動きとして相次ぎました。しかし社員や社員の家族のために、会社で幸せづくりを目的に共に戦う上司や部下と、会社外でもコミュニケーションすることは、おおいに組織の活性化やエンゲージメントの向上になると考えます。

イベントでは、社員たちは上司や先輩・経営幹部に自分の家族を紹介します。家族の前では日本一のお父ちゃん（お母ちゃん）でいたい社員達が照れくさそうにやってきます。上司や仲間からは「きみたちのお父さんは、いつも頑張っているよ！」と子供たちに声がかけられ、少し事情のわかる小学校高学年くらいのお子さんからは「初めて父の仕事振りの話を聞きました」「お父さんってすごかったんですね」という声があちこちにあふれます。パートナーからも「前職と違って、主人が毎朝元気よく会社に出掛けるようになりました！」との声をお聞きすることもありました。

イベントの主目的は社員同士の日々の慰労ですが、家族を呼ぶことによって別の大きな意味を持つイベントにすることが出来ました。社員本人にとっては、普段頑張っている姿を家族に見てもらえるので家族から尊敬してもらうことが出来ます。

このようなイベントをして私が思い出したのは、今から20年ほど前に参加した家族イベントです。

現在の私は、会社の役員として経営のかじ取りやチームビルディングを担う立場ですが、およそ20年前に、前職の大和ハウス工業で人事部主催の家族イベントに参加したことがあります。イベントの内容はすっかり忘れましたが、妻と長男と長女を連れ、執務中であった上司に、挨拶に行ったシーンは鮮明に覚えています。

上司は「君達のお父さんは凄いんだよ。仕事が出来て、社員の皆が頼りにしている立派なお父さんなんだよ」と家族に言ってくれました。20年も前のこんなシーンを覚えているのですから、当時30代前半の私にとって相当に嬉しい出来事だったはずです。

20年経って、今度は私が当時の上司と同じ立場で社員とその家族に一人ひとり声を掛けました。この時の社員や家族の笑顔はお互いに忘れがたい記憶になるはずです。

そしてリーダーや経営幹部にとっては、社員の家族と会うことでこんなにも素敵なパートナーやお子さん、家族がいることを知る機会になり、「彼らを絶対に幸せにしなければ」と決意を新たにする場になったと思います。

ここで振り返ってみてください。あなたは自社の社員の家族のことをどのくらい思い描いた経験があるでしょうか？　日々、自分の目の前の社員の指導に一生懸命でその家族にまで思考が至ることは滅多にないかもしれません。

しかし考えてみて欲しいのです。あなたの目の前で悪戦苦闘している社員や落ちこぼれてしまいそうな社員にも家族がいます。彼ら・彼女らはその家族にとってはこの世に一人しかいない日本一のお父ちゃん（お母ちゃん）なのです。社員一人ひとりは、家族のためにも光り輝いていなければならないのです。

世の中は、多様性の時代で、従来の家族像や婚姻のあり方に決して縛られるようなものではありませんが、家族が社会の最小単位であり、大勢の人に取って、拠り所であることに変わりは無いでしょう。仕事を選ぶ際には自分がやりたかったこと、実現したかったことを夢見て就職しているはずです。

社員達はこれまでの人生で出会った自分の最高のパートナーと家族を持ち、幸せな家庭を目指しています。仕事や会社というのは、その幸せを実現するために不可欠なものとして存在すべきなのです。

一日の始まりは社員の体調チェックから
～朝礼時の必須ルーティン～

国内最大級の管理部門と士業の専門サイトＭｏｎｅｇｙ（マネジー）が２０２０年に行った「朝礼のアンケート調査」によると、毎日朝礼を行う企業は28・8％だそうです。回数についても「週1回」が14・2％、「月1回」が7・1％、「未実施」が49・8％となっており、コロナ以降リモートワークが定着したことなどにより、朝礼を実施しない企業が増えているそうです。

また、朝礼の内容としては「連絡事項の共有」が84％で最も多く、次いで「業務予定の報告」46％、「従業員によるスピーチ」が25・6％でした。

全社員で毎日朝礼を実施することは、組織を活性化させ、企業文化を定着させるためにとても重要です。

連絡事項や儀礼的な朝礼であれば、メールや社内掲示板で十分です。

しかし、当社では朝礼が組織の活性度を高める重要なイベントであると考え、全社員参加による朝礼を毎日行っています。朝礼は行えば良いのではなく、組織を活性化させ、企業文化を定着させるものだからです。

そのような「意味のある朝礼」をしていただくために、一日のスタートに社員全員が一堂に会し、湧き上がる組織を創るための朝礼をご紹介します。

手順は以下の通りです。

1　進行担当によるあいさつ

2　各部署の出席状況の確認

3　担当者による1分間コメント（月初は経営理念・行動規範の読み合わせ）

4　上長コメント

5　営業担当者の契約報告

6　各部より連絡事項

当社ではこのような形式で朝礼を行っています。

私たちが創業時に見舞われたのは、コロナ禍での3密の回避でした。朝礼はある意味「密」をつくることにもなり兼ねず、陰でネガティブな意見を言う社員も見られました。なぜ私達は、批判を押し切ってまで朝礼にこだわったのでしょうか？

それは先述の通り、組織を活性化させ、企業文化を定着させるためでした。

湧き上がる組織を創るためには、社員が元気で会社に来てくれているかをリーダーが把握することが重要であり、その接点を朝礼に求めました。３名から始めた当社の社員はひとり増えふたり増え、４年半で１３０名を超えています。

社員たちが「元気に会社に来ているのか？」「滑り込みセーフでぎりぎり会社に来ているのか？」を知るためには朝礼をすれば一目瞭然です。

例えば、体調不良で駅で休憩してから出社した社員には、出社後に「大丈夫か？」「無理するなよ」と声を掛けることも出来ます。当社では「社員を家族」だと言いますが、家族であれば、体調を心配するのは当然のことです。直行が多い社員や休みが多い社員がいても、朝の短時間で把握することが出来ます。

このように書くと、朝礼は組織活性以外にも大変効率が良い社内活動であることがおわかりいただけると思います。朝礼は社員を管理することが目的ではなく、家族である社員の一人ひとりの状態を一日の始まりに知るためのものなのです。

他にも、社員同士も家族ですから、朝礼で隣の部署の社員のことも知ることが出来ます。契約した営業社員が、その内容を報告するのも朝礼です。朝から成果を出した営業社員を全社員で称賛するのです。営業担当は成果を上げ会社に貢献していることを誇らしく思いますし、バックオフィスの社員はどの社員が活躍しているか一目でわかります。

また、朝礼があれば成果報告書の回議など必要ありません。成果報告の際には時に社長や役員・本部長から「３ヶ月連続だね」「初契約だね」と声がかかります。

このようなさまざまな実益を兼ねた朝礼を実施することによって、当社では社員の笑顔があふれる一日を始めることが出来るのです。

ぜひ本書をきっかけに、ここで書いた内容をもとに朝礼を行ってみてください。

なぜ朝礼で拍手の練習をするのか
～本気で称えあう文化～

当社の朝礼では頻繁に拍手をする習慣があります。成果を上げた社員に称賛の拍手を送るのです。ほぼ毎日のことですから、当社にとって拍手は日常的な当たり前の風景です。でも当たり前の風景が、代わり映えのしない風景になってはいけません。当社では心のこもった拍手の練習をします。朝礼のコメントをするリーダーや担当者が、拍手の練習をしましょうと声を掛けるのです。

いつも通りした拍手は「パラパラ」「ぺちぺち」といった感じですが「よし、それでは心を込めて拍手してみましょう！おめでと～」とリーダーが声を掛けると「パチ！パチ！パチ！パチ！」と明らかに先ほどとは違う熱気に包まれます

「よーし、もっと出るはずだから、もっと大きな拍手～！」

すると執務室が割れんばかりの拍手に包まれます。

拍手の力は絶大です。応援されることで、不思議な力が沸いてきます。皆さんも学校の運動会でこんなシーンに出会ったことがあると思います。学年対抗のリレーで、一進一退の攻防を繰り返す走者たち。思い余って転んで、大きな後れを取った走者に対し、仲間や

保護者から大きな拍手・声援が送られるシーンです。ひざは擦り傷が出来て、血が流れていても、ゴールを目指し、走者は最後まで走り切ります。割れんばかりの応援に包まれて、不思議な力が沸いて、走り切れるのです。これが応援の持つ力です。

私たちは、生まれた時から拍手で応援してもらってきました。初めて「パパ・ママ」と言えた時、初めて立ち上がって自分の足で歩けたとき、両親から拍手して喜んでもらったはずです。「凄いね～。良く出来たね～」心のこもった拍手と一緒に声を掛けられて、「よし、もっと頑張ろう」と思うことが出来ました。

拍手の持つ力は凄いのです。私はアーティストのライブが好きで、家族とライブに行きます。コロナ禍でライブに行けなかったときは辛かったし、同じように寂しい思いをした読者もいらっしゃると思います。そんなコロナ禍で私が参加したライブで、拍手の練習をしたアーティストがいました。声に出せないぶん、みんなの心を拍手に込めてくださいとの掛け声で、拍手の練習をしました。繰り返すたび大きくなる拍手のあと、そのライブで一番盛り上がる楽曲が演奏されたのですが、その拍手は心に響く拍手でした。会場のファンもアーティストも一体感に包まれ、割れんばかりの拍手が鳴りやまず、会場は感動に包まれました。たった二本の腕で、手を鳴らすだけで、人の気持ちを動かすことが出来るのです。

拍手はビジネスにおいては、さらに大きな力を発揮します。タカマツハウスでは契約した社員全員が、毎日の朝礼でその契約に至るエピソードや、協力してくれた上司先輩や関連部署への感謝の気持ちを発表します。長期未契約の脱出で感極まる社員、最高記録となる連続契約を達成している社員の誇らしげな表情。その成果に対し社員全員が称賛の拍手を送るのです。一つの契約で社員全員が毎朝同時に「良かったね」「おめでとう！」「次も頑張れよ」の気持ちになります。ここでエピソードが簡潔に紹介されているので、その後の声も掛けやすくなります。「協力してもらえてよかったね」「スピードが決め手だったね」とコミュニケーションが図れます。

拍手なんて、本当に簡単なことで、出来ない人などいません。でも朝から本気で拍手をしている社員は、いそうで居ないのです。称賛や応援の拍手は大きければ大きい方が良いに決まっています。そんな当たり前のことを当たり前に出来る企業文化が大切なのだと思います。

メガネ販売チェーンで世界展開している株式会社オンデーズ代表取締役社長・田中修治氏という方がいらっしゃいます。田中社長は債務超過でつぶれかけのオンデーズを買収し、奇跡的なV字回復をしました。今ではインドネシアの企業から多額の出資を受け、再建どころか急成長の企業として注目が集まっている企業のリーダーです。彼の講演の中で興味深いことをおっしゃっていましたので紹介します。

田中社長は人生で成功しようと思うなら、たった三つの言葉の違いを理解して実践することだとおっしゃいます。その三つの言葉とは「知っている・出来る・やっている」だと言うのです。例えば、健康には歩いた方が良いことは、みな「知っています」し、歩くことは健常な方であれば誰にでも「出来る」ことです。しかしながら「やっている」かというと、やっていないことが多いと彼は言います。

朝の通勤の風景。地下鉄の駅のホームから改札に上っている風景を思い出して下さい。大半の方がエスカレーターに乗っています。みな、健康には歩いた方が良いと「知っている」し歩くことが「出来る」人ばかりですが、階段を利用している人は少数派です。田中社長は、朝階段を使わない人に限って、「来年からスポーツジムに通おう」とか「来週からダイエットに取組もう」と考えていると言います。

ビジネスにおいても、同じことが言えます。ビジネスにおいて必要なことは、みな知っているし、出来ることばかりなのに、やっているのは、ほんの一握りの人だといいます。成功はその違いだと言うのです。

当社の拍手もそうです。大きい拍手のほうが良いことは皆「知っている」し、何も準備しなくても「出来る」ことです。でも「やっている」企業は一握りと言えるでしょう。

私などは前職では、せっかく契約を取ってきてくれた社員に「着工はいつだ？」と感謝の言葉を述べることなく、営業なんだから契約して当たり前という対応をしていたように思います。湧き上がる組織を創るために、社員同士が本気で称えあうことは決して難しいことではありません。二本の腕だけで、大きな力を発揮出来るのです。

コラム　不動産の仕入の仕事とは？
〜売土地情報を持つ仲介業者様と関係性を構築する仕事〜

住宅業界での花形は「販売の営業」とされています。お客様の一生で最大の買物を専門的な知識と、スマートな対応でお客様を安心させ、成功裏に導くのが販売営業です。もちろん、それを否定するつもりはありません。しかし、シュリンクすると言われている住宅産業において当社が描いた成長戦略は、これまでの住宅メーカーからすると異色のものでした。

当社では創業時に花形の販売営業を置かず、仕入営業を採用し、未経験で採用した社員はすべて仕入営業に配属しました。

仕入営業はどちらかと言うと裏方の仕事で、住宅メーカーで100人の営業が居れば、うち5人程度が配属されるイメージです。人員も不動産業界で長年経験を積んだベテランの営業が担当することが多いです。なぜなら広範な知識が必要なことと、業界での豊富な人脈が必要である仕事だからです。

しかし、当社では20〜30代の比較的若い営業担当者が在籍しています。当社では、これまで裏方であった仕入営業にフォーカスを当て、「優秀な販売営業が頑張って売る住宅ではなく、お客さんが欲しがる売れる商品づくり」を目指し、戸建住宅事業のバリューチェーンの最も川上である仕入を強化しているのです。

用地仕入と言うと、土地の所有者を一軒一軒訪問して、売却交渉することをイメージする方も多いですが、当社ではこのような営業は行っていません。

多くの売土地の情報は、駅前の大手不動産仲介業者や地場不動産業者などに「売却相談」として情報が入ります。最近は駅前の店舗に売主様が訪問するだけでなく、一括査定のポータルサイトなどオンラインからも相談がありますが、結果的には同じように業者に情報が集まります。

当社の仕入営業はこのような売却相談を受けた仲介業者様と関係性を構築する営業です。優良な住宅用地の情報を、信頼関係のある業者様から数多く集めて、売主様が希望する土地の買取を行う営業なのです。

仕入営業は、その土地にどんな住宅を建設出来るのか、取引するにあたり阻害要因はないのか、将来にわたって買主様が安心して住むことが出来るかなど、多方面から検証し企画を創り込むためのスキルが必要とします。専門性が高く、取引先からの信頼が無ければ成果を得ることが出来ない難易度の高い営業です。

タカマツハウスでは落ちこぼれを作らず、応援して囲い込む組織マネジメントにより、短期間で大きな成果を残すことが出来ました。それは、社員ひとりでは乗り越えることの出来ない高いハードルをチーム力で乗り越え、更に高い目標にチャレンジする当社のカルチャーがあったからです。

第2章

能力は十人十色
——1on1スキルアップが組織を変える

社長と社員の1on1
～社長室に挨拶に行くのは昭和？～

私は職務柄、他社の執務室にお邪魔する機会が多くあります。

このとき、意識して見ていることがあります。それが「挨拶」です。そして大変興味深いのは、業績が低迷している会社ほど従業員同士の挨拶もなく、活気もない、ということです。

「挨拶ひとつでそんなに変わるものなのか？」

そんな風に感じるかもしれません。

しかし、松下幸之助氏とともに経営の神様と呼ばれる稲盛和夫氏は「社員は家族だ」と言います。家族だから朝に「おはよう」と挨拶するのは自然なことです。

さらに稲盛さんは「家族というのは、喧嘩してもすぐ仲直り出来る」ともおっしゃいます。私たち社員同士も仕事のことで喧々諤々、是々非々で多少ギスギスしたとしても、朝、目を見て挨拶が出来る関係でいれば、昨日のことは水に流して、また仲間として新しい一日を始めることが出来るのです。

同じように藤原元彦も「社員は家族だ」と言います。ですからタカマツハウスでは挨拶はとても重視されていますし、だからこそ他社の挨拶の状況にも興味を持っているのです。実際に当社ほど社員が活き活きと元気に挨拶している会社に出会うことはありません。

当社では毎朝、社員が社長室に朝の挨拶に行きます。創業５年で従業員数１３０名程度の現在だから出来ることかも知れません。社長室に毎朝挨拶というと、中には「昭和テイスト」「上意下達の古い組織」をイメージされる読者もいるかもしれません。しかし、先述の家族だということに加えて、他にもいくつかの効果があります。

まず、対象ですが全社員です。経営幹部も一般社員も契約社員も全員が社長室に「おはようございます！」の挨拶に行きます。挨拶に上も下もありません。社長室に訪問する形式をとっていますが、全社員がフラットに朝の挨拶をするのが決まりです。必ず社員同士が「おはようございます」「おはよう」と挨拶することになります。

次に、お互い目を見て挨拶するのも暗黙の了解となっています。人間は気持ちが顔に出る生き物で、元気が無かったり、悩み事を抱えていると顔でわかります。社長はじめ、全社員が朝の仲間の顔を毎日見ている訳ですから、今日だけ違うと気づくのです。

「あれ、疲れてるの？」

「あの問題、解決出来そうか？」

何か抱えている社員には、間髪を入れずこのような声が掛かります。一日経つごとに状況が悪化する事態もありますので、毎日の挨拶での確認が重要だと考えています。

また、挨拶は礼節の基本です。身だしなみを整え元気よく真っすぐに挨拶する、この最も基本的な礼節を欠いている社員に、後述する当社の「礼節・コミュニケーション・団結」を実践出来るはずがありません。

「社章が曲がってるよ」

「ズボンがヨレヨレだよ」

という声も、朝一番のスタートだから大きな意味を持ちます。

そして、社長室に挨拶に行ったあとは隣にいる私たち幹部に対しても社員が挨拶に来てくれます。せっかく来てくれたのだから私たちも目を見て「おはよう！」と声を掛けます。

懸案事項を抱えている社員、最近初契約が出来て2件目を頑張っている社員、おかれている状況は様々ですから、私たち幹部も一人ひとりに違った声を掛けます。

私は朝8時過ぎには会社に行き、始業時間9時まで自席に座っていることが多いですが、その間のほとんどを社員との朝の挨拶に使っていると言っても言い過ぎではありません。社員よりも早く会社に行き、元気に出社してくれる社員をお出迎えする気持ちです。

従って朝は、集中して作業しなくても良い簡単なメールの返信や経費の精算などの業務に充て、挨拶に来てくれる社員と向き合います。

逃げるように挨拶していく社員、もっと褒めて欲しい、語り掛けて欲しいという目で私を見つめてくる社員とまさに千差万別です。通常は本社に来ず、出先の営業所にいる社員が朝から本社に来たときは、必ず「久しぶり！」など「君の存在を気に掛けているよ」とわかるように声を掛けます。

「挨拶程度、なんてことない」と思われる読者もおられるかもしれません。

しかしながら、自分の組織や会社を振り返った時に、本当に気持ちの良い朝の挨拶が出来ているでしょうか？　社員の目を見て「おはよう！」と言えてますか？

繰り返しますが、組織の活性度が低ければ低いほど、元気な挨拶が出来なくなります。

当社では朝の挨拶だけでなく、外出するときは「行ってきます！」「行ってらっしゃい」、帰ってきたら「ただいま帰りました！」「お帰り！」という声で溢れています。

社長室に挨拶に行くことは、昭和の習慣かもしれません。しかし、これは、組織の活性化のために、大きな効果があります。ぜひお試しいただき、その効果を測ってみていただければと思います。

任せて、任さず

～手を放しても、目を離さない～

誰でも「仕事の任せ方」に悩むことがあります。

例えば、任せきりにして、仕事の質・スピードが低下した。任せきれず、あれこれ手を出してしまい、チームとしてのパフォーマンスが発揮出来なかった、などがあります。

タカマツは、前述のとおり短期間で好業績を上げましたが、実はメンバーもリーダーも異種・異文化・異業種から集まった悪い言い方をすれば寄せ集め集団です。しかしながら、チームのパフォーマンスを最大にする「任せ方」により、人材が短期間で大きく成長し、大きな結果を残すことが出来ました。

ここではタカマツ流「仕事の任せ方」について紹介します。

藤原はメンバーへの仕事の任せ方を「任せて、任さず」と表現します。

これは短期間で業績を上げるために、重要な仕事を思い切って任せる、かつ適度な頻度と深さで点検確認を行うことにより、人材育成や業務の質を高めるマネジメント方法のことです。「任せて、任さず」は担当者への任せ方はもちろん、チームを持つリーダーに対してでも同様です。
そしてこのマネジメントには次の三つの狙いがあります。

1　人材育成

2　業務の質向上

3　モチベーション向上

当社が短期間で業績を上げることが出来たのはこの狙いを実践してきたからです。「任せて、任さず」のマネジメントによって短期間で人が育ち、質の高い業務を行い、応援されることで心が湧き上がり、個々の持つ力が最大限に発揮され、そしてチームとして最高のパフォーマンスを発揮出来たのです。

そして「任せて、任さず」には次のようなポイントと注意点がありますので、お伝えしましょう。

1　リーダーは、仕事を配る人ではない

まず、任せ方の良くある失敗は「任せきり」です。リーダーが自分のチームの業務をメンバーに配ってしまうのです。途中のチェックもアドバイスもせず、上がってきた結果の

み叱るリーダー。つまりは、任せっぱなしで結果を怒るリーダーです。

リーダーが何もアドバイスせず、ほったらかしにして、リーダーの納得するアウトプットが出せるはずがありません。少なくともリーダーはそのチームの中で最も仕事が出来るからリーダーなのですから当然です。藤原はこのようなリーダーにはいつもこう言います「**『きみも自分と同じ人間なのだから、同じようにやれ**』では人は育たない」と。

リーダーはメンバーに対しその仕事に意味を与えて、動機付けし、メンバーが全力で仕事に取組めるマインドセットをしなければなりません。

その仕事を頑張ればチームのまたは会社のどんな成果に繋がるのか、メンバーにどんな風に活躍してくれて成長してもらいたいのかを腹落ちさせなければなりません。ただ単に業務分担をするのが、リーダーの役割ではないのです。

2　リーダーの、自分でやった方が早い病

優秀なプレイヤーであった人ほど、メンバーに任せず自分でやってしまいます。その業務だけ見ればその方が良いアウトプットが出来るし、スピードも速いのは当然です。

小倉広氏の著書『自分でやった方が早い病』（星海社新書）には「この病の先に待っているのは〝孤独な成功者〟の姿です。『お金はあるが、つねに忙しくて、まわりに人がいない』『仕事の成功を一緒に喜ぶ仲間がいない』」とあります。

こうならないよう、一人で大きな成果を求めるのではなく、チームで大きな成果を求める思考へと変化しなければなりません。

何を隠そうこの私もリーダーになって数年は「自分でやった方が早い病」の末期症状患者でした。営業時代はチームの成績から販促企画、お客様のお申し出まで。本社でマーケティング部門在籍時は、企画立案から推進まで、自分でやると面白いように成果が出るので「自作自演だ〜」などと言いながら、一人奮闘していました。

そんな私に転機が訪れたのはオーバーワークのストレスから十二指腸潰瘍になり、本当の病人になってしまった時です。そんな時に後輩からもらったメールが私を二つの病気から救ってくれたのです。

よいしょではありません（笑い）

金田次長

とにかく、お一人でオリンピックに出るのではなく、他のメンバーも連れて国体ぐらいに出場するぐらいの感じで、部下をもう少し育成して楽になってください。

体の事もありますし。

多分、金田さんにはもっと大きな仕事が待っていると思います。

私も部は違いますが金田さんの後ろからいろいろ勉強させて頂いております。

これからもみんなで知恵を絞って頑張りましょう！

私にはこんな素晴らしい助言をくれる後輩がいたので、このメールをきっかけに、メンバーに任すマネジメントを実践し始めました。タカマツに入社してからは藤原のもと、任して任さないマネジメントを勉強し、実践しています。

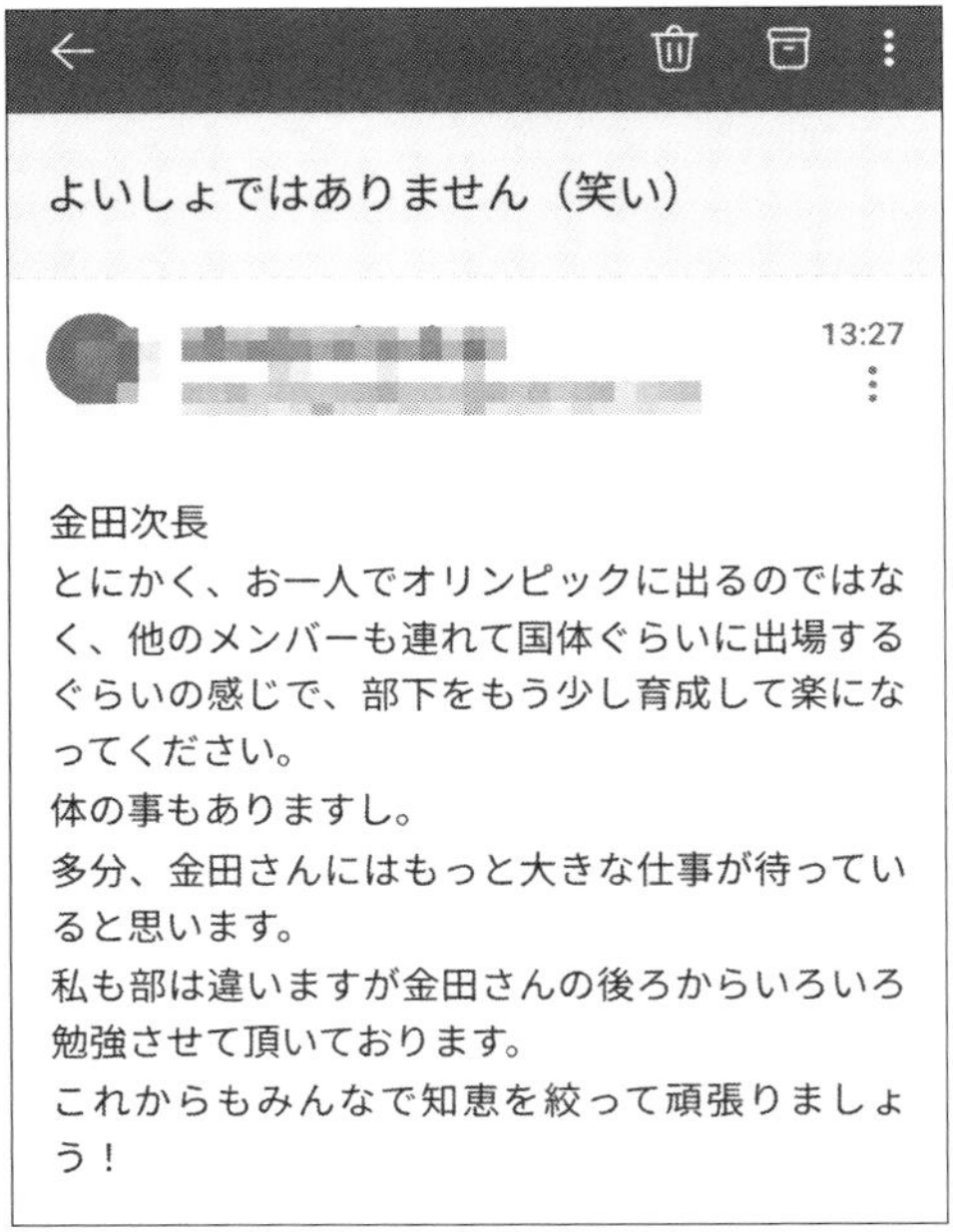

よいしょではありません（笑い）

[redacted] 13:27

金田次長
とにかく、お一人でオリンピックに出るのではなく、他のメンバーも連れて国体ぐらいに出場するぐらいの感じで、部下をもう少し育成して楽になってください。

体の事もありますし。

多分、金田さんにはもっと大きな仕事が待っていると思います。

私も部は違いますが金田さんの後ろからいろいろ勉強させて頂いております。

これからもみんなで知恵を絞って頑張りましょう！

子育て四訓に見る、ステップごとの「任せて、任さず」

藤原は「任せて、任さず」を社員に説明する際に「子育て四訓」と呼ばれるアメリカ先住民の言い伝えを引用します。子育てを経験したお父さん・お母さんなら一度は聞いたことがあるのではないでしょうか？

乳児はしっかり肌を離すな
幼児は肌を離せ、手を離すな
少年は手を離せ、目を離すな
青年は目を離せ、心を離すな

言い伝えにあるステップごとの距離の取り方は、藤原の言う「任せて、任さず」と共通点があります。

乳児は肌を離さず、しっかりと寄り添わなければなりません。入社したての社員も同様、最初は右も左もわからないはずですからしっかり寄り添う必要があります。当社においても住宅営業の経験のない社員を大量に採用しましたので、入社直後はリーダーのみならず会社全員で寄り添って未経験社員を育てました。

少し大きくなると、自分の意志で動けるように肌を離しますが手は離しません。まだ、どんな行動を取るかわからず、危険が一杯だからです。

ビジネスも少し覚えたら、自分でやってみさせることが大事ですが、大きな失敗に繋がらないように手を繋いで社員の毎日の行動を把握出来る状態にしておかなければなりません。

少年になれば親元を離れ、自分の足で自由に行動出来るようになりますが、おかしな道に進んだりしないよう目は離してはいけません。

営業社員に例えると、日々の営業活動やお客様への提案書すべてにリーダーが関与することは無く、やりたいようにやらせますが、致命的な失敗や遠回りにならないよう見てあげる必要があります。

青年期になり一人前の一歩前までくれば、物理的に離れていても心を通わせるコミュニケーションが重要です。

社員が独り立ちする寸前であっても、仕事とは違う悩みを抱えていたりするものです。会社や本人がより大きく成長するためにも目標設定や仕事に対する向き合い方など、助言が必要なこともたくさんあります。心のつながりはいつになっても離してはならないのです。

任さずポイントの見極めは「コミュニケーション」をおいて他に無い

ステップごとの「任せて、任さず」を紹介しましたが、大切なのはメンバーがどのステップにいるのかを知ることです。

子育ては、入園・入学・就職などステップが明確ですが、社員はそんなに簡単ではありません。**年齢を重ねていても思考やスキルが幼い社員や、若くても自立した社員が存在します。**そんな社員達の任さずのポイントの見極めは、コミュニケーションです。

ここでは４段階でコミュニケーションの見極めポイントをお伝えしましょう。

１　新入社員（乳児レベル）

よちよち歩きの新入社員に対してマネジメントは、少しでも気になったらその様子を短時間でも見てやることで、大切な安心感を与えることが出来ます。

タカマツハウスでは２０２３年４月に新卒一期生となる営業社員を採用しました。入社から１ヶ月は導入研修として、管理職が手作りした研修プログラムによって研修を行いました。研修プログラムの一部に飛込み営業を体験するために、近隣の企業のオフィスに飛込み訪問をしてアンケートを取得する研修がありました。

研修担当の課長と一緒に午前中はアンケート作成や、訪問先リストの作成し、午後はいざ飛込み営業となる訳ですが、人生で初めての飛込み営業です。緊張しない方がおかしいです。

心配になった私は研修を行っている会議室に様子を見に行きました。案の定、みな緊張し顔がこわばっていました。彼らは、それこそ生まれたばかりの乳児です。そんな彼らに「万が一相手先とトラブルになっても安心しなさい」「訪問先はすべてここから徒歩圏内」「私が飛んで行って謝罪してあげるから、大丈夫」と声を掛けました。

見守ってもらえていること、何かあったら助けてくれることを実感した彼らは、緊張も解け、初めての飛込み営業で安心して貴重な体験をすることが出来ました。

2　未経験営業（幼児レベル）

未経験営業は住宅の営業経験は無いものの、その大半が他業種の営業や販売などで実績を上げた社員です。短期間のＯＪＴ研修後すぐに単独で訪問営業を開始し、用地仕入や販売の重要な業務を任せます。

しかし、外に出れば自分ひとりですから、自分のやり方で成果が出るのか、不安になりますし、やってもやっても成果の出ない迷宮に迷い込む営業も少なくありません。

ですからこのレベルでは、すべての訪問に同席し手取り足取り教えるのではなく、ゴールと達成への課題を共有し、一緒になって点検確認してあげるのです。

リーダーは「月間行動スケジュール」を使ってコミュニケーションを取ります。

営業は日々の業務を「月間行動スケジュール」に記載しています。「月間行動スケジュール」には本日の営業活動で達成出来たこと、出来なかったことが記載されています。

それを元にリーダーは担当が本日達成すべき目標はクリア出来たのか？　出来なければなぜ出来なかったのか？　担当が次に目指すべき小さなゴールはどこなのかをコミュニケーションします。

3　経験営業（少年レベル）

入社時から自分のことは自分で出来て、成果を出すことが出来るのが経験営業です。

しかしながら当社の営業スタイルや、手掛けるべき物件の理解が足らず、すぐに成果が出ないばかりか、長期間成果が出ないこともあります。

人生で大きな選択をして当社に転職したにも拘わらず、成果に繋がらない日々は不安であり、自分に自信が持てなくなるものです。転職したこと自体を後悔してしまうかもしれません。

ですからリーダーは「あいつは経験者だから、そのうち成果出るだろう」と任せきりにするのではなく、日々のコミュニケーションで営業活動のどこで行き詰っているのかを確認する必要があります。時には目の前で電話営業をさせたり、彼が良好だと認識している顧客が本当にそうなのか、同席してやることも必要です。

担当者は自分が出来ていないことを「このままでは駄目だ」と思いながら、自分を変えることが出来ず、落ちこぼれそうになっているかも知れません。日々のコミュニケーションにより、その状態を把握し、改善のきっかけを作ってあげなければならないのです。

4 リーダー（青年レベル）

担当者としてコンスタントに成果が出るようになると、チームリーダーとしてチームの成果を求められるようになります。リーダーには「任せて任さず」をはじめとする当社のマネジメント術を身に付けてもらわなければなりません。

私たち経営幹部は、任せて任さずのマネジメントによってリーダーを育成しています。リーダーは営業のノウハウよりも、メンバーとの人間関係や、メンバーのモチベーション向上などに、課題を抱えているものです。その課題は時にリーダー自身では解決出来ず、結果としてチームのパフォーマンスを低下させてしまうのです。

メンバーのことについて相談出来るのは、リーダーの上長である本部長や支店長です。大きな組織になると拠点リーダーと本部長が別の事務所で物理的に離れて仕事をすることも多く、目が行き届かないこともあるでしょう。そんな時ほど心を離さず、コミュニケーションが重要です。

昨今はＬＩＮＥやＳＮＳなど、離れていても豊かなコミュニケーションが取れるツールもあります。簡潔なメッセージでも「ちゃんと気にかけてくれているんだ」と感じてもらうことは出来ます。**取り過ぎても足らないのがコミュニケーション**だと考え、ツールも有効に使うべきです。

リーダーが心がけるべき２つの「任さず」術

社員とのコミュニケーションの重要性は本書の各章で触れていますし、当社では「礼節・コミュニケーション・団結」が湧き上がる組織づくりの基本であると考えてコミュニケーションを重視しています。

日々のコミュニケーションにより、メンバーやリーダーがどの状態か把握することで、一人ひとりにあった「任せて、任さず」のマネジメントが実現出来るのです。

では一方で、「任さず」とは具体的に何を任さないことなのでしょうか？

１　ディテールに入り込む「任さず術」

当社のリーダーの任さず術は「ディテールに入り込むこと」です。

もちろんすべてのディテールに入り込むのは物理的にも時間的にも不可能ですので、ここそというポイントを見極め、その仕事の細かなディテールに入り込みます。

そもそも藤原を始め、当社の経営陣はその道のプロフェッショナルとして研鑽を積んでいますので、仕事のディテールから全体像や課題を把握し、手を打つ実力があります。

仕入営業社員が「この物件は目の前が公園で、見晴らしも日当たりも風通しも良いです。当社で購入すべき物件です」と上申があった時のことです。

藤原は普段のコミュニケーションから、担当営業は成績が振るわず、焦る気持ちから仕事が空回りしている状況を把握していました。そこで「よし、じゃあ俺が観てくるヨ」と即現場に向かいました。

担当営業が言うように確かに公園の前なのですが、公園の公衆トイレが近くにあり、道路にも余裕があるため、タクシー運転手が使いやすいトイレなっていました。風向きや湿度の高い時は匂いも心配ですし、たくさんのタクシーがひっきりなしにやってくる環境は景観や、幼いお子さんたち安全面からも、タカマツハウスが厳選した住宅地とは言えないものでした。

結果、担当者には現地での物件確認の押さえどころを教育し、次に頑張るように伝えました。担当者は自分の実力の無さを反省するとともに、万が一、当社が購入して販売に苦戦するような失敗物件にならず安堵しました。

このようにディテールに入り込むには、普段のコミュニケーションによるメンバーの状態把握と、プロフェッショナルとしての現場力が必要なのです。

2　リーダーが設けるべき「余裕術」

もうひとつ、「任せて、任さず」を実践するときに必要なことがあります。それはリーダーが余裕を持つことです。そうすることでメンバーからの相談の時間を取ることが出来、タイムリーにディテールに入り込み、相談を受けることが出来ます。

当社ではリーダーが必要以上に忙しそうに振る舞い、「仕事がパンパンです」などと自分が一杯仕事をしていることをアピールするのは厳禁です。世の中には「元旦以外休まない。年間３６４日働きます」といったリーダーもいますが、それは社員に自慢するようなことではありません。

藤原は「リーダーは少し時間に余裕を持たせるべき、目いっぱい仕事を詰め込まない。リーダーのところに来る要件は『重要で緊急』なのだから」と言います。

リーダーに余裕がないと、メンバーも相談しにくいことは想像に難くありません。いつどんな時でもメンバーの報告相談を受入れる余裕がリーダーには必要なのです。

このように任せて任さずのマネジメントにおいては、重要な仕事を思い切って任せつつも、コミュニケーションを大切に、時にはディテールに入り込むマネジメントにより、結果的に全社員が孤立せずパフォーマンスを上げ続けるようになるのです。

抱擁の精神が挑戦力を育てる

リーダーの任務は、チームのパフォーマンスを最大にし、組織・会社の業績を向上させることですが、その為にはメンバー全員のスキルアップによる〝底上げ〟が不可欠です。メンバーに成長を求めず、長時間労働によって成果を出すことは既に過去の話。限られた時間の中でメンバーのスキルを向上させ、最大のパフォーマンスを発揮するマネジメントが求められています。

当社ではメンバーの心を湧き上がらせながら、近くて少し高い目標に果敢に挑戦して、挑戦する過程でメンバーのスキルを向上させるマネジメントを行っています。

不動産の営業を経験したことの無いメンバーを集め、昨日よりも今日、今日よりも明日の自分が成長を実感出来るマネジメントを行うことにより、短期間で好業績を上げました。

そんなマネジメント手法を２つのポイントでご紹介します。

ポイント１　小さなゴールを目指す～達成感と挫折を経験させる～

藤原はスキルアップを目指すべき社員に対し、マネジメントが行う最も重要なことは、小さなゴールを設定することだと言います。努力すればギリギリ達成出来る絶妙のゴールを設定し、メンバーに達成感を感じてもらうことが重要だと言うのです。実力の無い社員に大きなゴールを目指させても、そのゴールは遠すぎて小さすぎて見えないのです。見えないゴールに向けて精一杯頑張り続けることが出来る人はそうはいません。

用地仕入では、本来の営業のゴールは仕入契約であり、更には仕入れた物件がお客様の手に渡り喜んで頂くことが必要です。しかしながら、不動産の経験のない営業、または長期間成果の上がっていない営業にとって仕入契約とは途方もなく遠いゴールなのです。そんなところをゴールに日々頑張れと言っても頑張りようがありません。

小さなゴールを設定するためには、仕入契約に至るまでの営業プロセスを細分化し、その社員の今の実力で頑張れば達成可能なゴールを設定する必要があります。そのゴールを設定するうえでは次の二つを意識しなければなりません。

1　自分の努力で出来る目標

2　相手があって、自分だけではどうしようもない目標

仕入営業であれば、訪問件数や電話営業、メールの件数は自分の努力で達成出来る目標となります。一方、案件取得件数や買付件数、仕入契約件数は取引先や競合がいるため、

自分が頑張っても成果に結びつかない目標であると言えます。

①の自分の努力で出来る目標は、特に営業経験の初期段階で大切な目標です。なぜなら相手がなくても自分の努力だけで達成可能だからです。訪問のために必要な準備をし、担当のエリアを効率的に訪問する計画を作り、訓練したトークや作り込んだツールを使って訪問営業を行います。ここでの目標は具体性のないおおざっぱな目標ではなく、具体的な目標である必要があります。

具体性のない目標とは「1日○件で×週5日だから1週間で△件」のような一日何件や週5日で何件など、足し算と掛け算で設定する目標です。

一方で具体的な目標とは、既に決まっている会議やアポイントなどを考慮した、〝その日、その週の精いっぱいの努力で達成出来る目標設定〟です。

例えば、週次の目標を立てるのであれば、既に時間を取られることがわかっている会議やアポイントなどを考慮して「今週は月曜日の○時〜△時まで訪問活動出来るから□件」といった目標設定や「アポと会議の間で外出訪問すると効率が悪いから、この時間は○件のメールを行う」といった目標設定です。

達成出来るかどうかは、準備と行動力だけに掛かっている訳ですから、達成出来れば「よく頑張ったな〜」と褒めてあげることが出来ます。達成したら次の目標は、少し難易度の高い訪問先を設定するなどし、高いレベルの達成を目指します。こうやって自分が頑張れば出来ることを増やしていくのです。

次の挑戦へのモチベーションは達成感ですから、小さなゴールを毎日達成し、小さくても確実な達成感を日々味わい、リーダーと共有することが重要です。リーダーが日々の小さなゴールの達成を共に喜び褒めてあげることで、次の目標達成のモチベーションが向上します。小さなゴールを毎日、毎週、毎月達成することで、振り返れば当時からすると随分大きなゴールを達成したことに気づき、成長を実感するはずです。

一方で、達成出来なければ自分の努力が足らなかったことが明確となります。なぜ頑張れなかったのか、準備が悪かったのか、他の仕事が入ったのか、計画が不効率だったのかを検証し、翌週の目標を設定します。

努力が足らず、出来るのにやらなかった社員には愛のある厳しさを持って接することも大切です。藤原は「厳しさ10倍、愛情100倍」と表現しますが、小さなゴールを達成、あるいは未達成のときに、マネジメントで特に厳しさや愛情は重要となります。

次に、②の「相手がある目標」は本人の努力だけで達成出来ないため、目標設定や達成に向けての工夫が必要です。担当者ごとに実力が違いますから、目標も異なって当然です。

よくあるのは「一人○件、最低△件」などのチームに課せられた目標を、均等あるいは、職責ごとに傾斜をつけて配分するやり方です。このやり方では落ちこぼれてしまいそうな社員を救うことは出来ませんし、パフォーマンスの高い営業に更に高い目標に挑んでもらうことが出来ません。

住宅メーカーのイベントに「バス見学会」というのがあります。住宅購入を検討しているお客様ご家族を招待し、観光バスに乗せて、自社の完成入居済みお住まいを案内したり、生産工場や体感施設を案内したりなどします。各社が趣向を凝らして企画しており、参加された経験のある方もいらっしゃるかもしれません。

このようなイベントでは、往々にして「バスの乗車可能人数÷営業人員数」で集客目標を設定しがちです。

しかし、これでは落ちこぼれそうになっている社員にとっては、達成しがたい大きな目標になり兼ねませんし、高いパフォーマンスを発揮している社員にとっては、活躍や成長の機会を奪う物足らない目標になってしまいます。

ここでのポイントは、その社員の能力に合った目標を設定するということです。

藤原が営業担当者時代に自分一人でバスを満員にするという目標を掲げ、達成し続けたという逸話があります。ですが、恐らく当初は藤原にとってもバスを満員にするのは相当な頑張りが必要だったはず。長年の経験のなかで、既存顧客様に新規の見込み客様を紹介してもらう手法を発案するなど、前回よりも今回、今回よりも次回と一歩一歩達成していったのだと思います。

前章で仕事を配るのがリーダーの仕事ではないとしましたが、同じく**単純な目標を配布するのがリーダーの仕事ではない**のです。

リーダーはメンバー一人ひとりが今よりも頑張れば達成出来て、その努力の中で成長出来るような目標設定と、「**目標達成に向けて教えて、応援して、期待して、頑張ったら抱きしめる思考が必要なのです**」。目標を配って、出来なかったら結果を咎めているようでは、メンバーの成長など見込めません。

相手がいるということは、どんなに頑張っても達成出来ないこともあります。

藤原は小さな達成感の連続の重要性を説く一方で、やり切った者にしか味わえない「挫折」も必要だと言います。

挫折とは単に達成出来なかったことを指すのではありません。誰にも負けない努力をした結果、実現出来なかったことを「挫折」だとしています。挫折を通して、くやしさから、二度とこんな思いをしなくて済むための自身のありたい姿をイメージ出来ます。挫折から導き出されるゴールは小さなゴールではなく、大きなゴールであることもあります。

　ありたい姿と比べると今の自分はいつも物足らなく思えます。そう思えるから、より一層の努力が出来るのです。自分が目指すありたい姿という大きなゴールを時にはイメージすることも必要なのです。

期待して寄り添う

〜心の繋がりの重要性〜

メンバーが目標を達成するためには、リーダーはメンバーに期待して寄り添い、くじけそうなとき、迷っている時に勇気づける必要があります。近いゴールとは言え、達成に困難が伴うこともあります。仕事は弱い自分との闘いでもあり「今日ぐらいはいいか」「また明日やればいいか」「暑いから」「寒いから」「今日は体調が」など、弱い自分に負けてしまった経験は、誰にでもあることだと思います。そんな弱い自分に仲間からの応援はもちろん、リーダーから「君ならきっと出来る！期待してるぞ！」「先週の頑張りは凄かったな〜。今週も必ずやり切って、成果期待してるぞ！」といった声。当社では、藤原社長からも「よく頑張ったな〜」「期待しているからな！」の声が掛けられます。**自分一人では勝つことの出来ない弱い自分を、心の繋がりのあるリーダーの期待が奮起させるのです。**

また、期待だけにとどまらず、実際に時間を取ってあげることも重要です。駄目だった理由は自らの行動の中にしかありません。その原因を自分で考えることが成長に繋がるのですが、経験不足や長期低迷している社員であれば、自分一人では答えに辿りつかないこともあります。アインシュタインの名言に「同じことを繰り返しながら違う結果を望むこと、それを狂気という」というものがあります。

これは、改善の切り口が見つからず、同じことを繰り返すのは不毛という意味ですが、壁に当たり、超えられない社員は同じ状況にあります。自らが望んでいるのではなく、自分一人では答えが見つからない状況に陥っているのです。

そんな時にはリーダーが時間を取り、準備や行動の内容を聞いて助言することも必要ですし、時には一緒に営業活動に参加する同行営業も有効です。大切なのは自分が期待されていると感じること、更にリーダーが自分のために時間を使ってくれていることです。」「ここまでしてもらったんだから、必ず成果を出したい！」という強い気持ちが芽生えるはずです。

ポイント２　仕事の型を教える～型があっての型破り～

当社は住宅不動産営業の経験のない社員を数多く集め、成長させ、短期間で業績を上げました。

リーダーの指導や本人の努力があったのはもちろんですが、正しい努力をしなくては、成果を上げることは出来ません。努力の仕方が間違ってしまってはいけないのです。

そこで当社では、成果を上げている営業の暗黙知と呼ばれる経験や勘の、形式知と呼ばれる言語化に取組み、仕事を成功に近づけるための基本の型を作りました。

一般的には「ナレッジマネジメント」と呼ばれる手法です。

成果の上がっている社員は、成果のあがらない社員に比べ、やっていることが違っているから成果が違っているのです。成果を上げている社員が無意識に行っている活動が、実は成果に結びつく大きな違いを見つけられることが多いのです。

具体的には仕入営業のステップを「8つのジャーニー」として分類しました。

1　事前準備

2　好感形成

3　信頼形成

4　魅力づけ

5　条件伝達

6　情報獲得

7　検討フォロー

8　結果共有

そして、それぞれのステップごとに成果を上げている営業が特徴的に行っていることを形式知化したのです。すべてを紹介すると一冊の本になってしまいますので、特徴的な事例を紹介します。

仕入営業において、数多く売却不動産の情報を集めてくることは重要な任務です。一方で数多く集めた情報はその大半が、購入基準に該当せず、仕入先に取組み不可のご連絡をすることになります。その数は１００分の98～99程度で、タカマツハウスの営業はお断りすることが、仕事の大半を占めていると言っても言い過ぎではありません。

成果を上げている営業の行動を分析すると、情報を「もらうこと」よりも、「断ること」をより丁寧に行っていることがわかりました。

一方、成果の上がらない営業はせっかくもらった情報でも、自分たちの基準に合わなければおざなりにしていることもわかりました。不動産仕入の営業はその情報獲得量も大切ですが、断り方において営業の差が出るのです。

丁寧にお断りすれば誠実な営業姿勢や断念理由から高度で専門的な検討の結果断念したことも伝えることが出来ます。うまくいけばその場で、また別の情報を頂くことも出来ます。

これを「**断り品質**」と命名し、断る際の営業活動を重視するようにしています。

「型があるから型破り、型がなければただの形無し」は故18代目中村勘三郎さんの言葉です。歌舞伎の世界はもちろんですが、ビジネスにおいても基本の型は成果を上げるために重要です。小さなゴールを達成するために、成果につながる正しい努力をさせるのもリーダーの重要な仕事です。

厳しさ10倍、愛情100倍
～「言うは易し」を越える父性愛～

前項で「出来るのにやらなかった社員には、愛のある厳しさを持って接する」とお伝えし、その際に「厳しさ10倍、愛情１００倍」という表現をお伝えしました。

当社ではメンバーに対して厳しさや愛情が足りていないリーダーには「冷たい奴だな～」と皮肉を言うこともあります。

ではなぜ、メンバーの向き合い方について「厳しさ10倍、愛情１００倍」というスタンスが大切なのでしょうか？

10倍厳しくするのも大変ですが、注ぐ愛情はその10倍の１００倍大切ですから、とても難しいです。しかし私たちは「社員は家族なのだから、そんなことは当たり前」と考えています。

では、次にその意味について考えてみたいと思います。

「厳しさ10倍」は「パワハラ」とは根本的に異なる

「厳しさ10倍」と聞くと、読者の中にはパワハラにならないかと考える方もいるでしょう。特に建設不動産業界は「3K」などと言われますから、厳しい労働環境をイメージするかもしれません。

ですがそもそも、厳しさとパワハラは全く違います。パワハラは人権を無視した行き過ぎた指導や人格否定のことで、当然ですが論外です。

一方で「厳しさ10倍」は「10倍厳しくする」という厳しさレベルの話ではありません。厳しくというのは、パワハラとは別種のものです。決定的な違いでいえば、

パワハラ＝結果を咎める
厳しさ＝プロセスに寄り添う

です。

リーダーがメンバーの出来なかった結果のみを咎めることはパワハラの入り口です。結果に対して怒っていますから、度を過ぎた指導や人権を無視した人格否定に繋がっていくのです。

一方厳しさは、プロセスに寄り添います。先述した小さなゴールを達成出来なかったのは何故なのか、親身になってメンバーの立場に立って考えてあげます。

プロセスを考え抜けば、メンバーが苦手としていることや商談相手に認めてもらえていないことなどが浮き彫りになります。現実を直視し、逃げたくなる心境を押さえて、自分の成長のために妥協なく仕事のプロセスに向き合わせることが「厳しさ」なのです。

例えを長期間成果の上がっていない若手A君の話でお伝えしましょう。

リーダーは成果の出ないA君の営業活動に同行し、その課題を見つけ出そうと試みました。そして同行でわかったのは、A君は自分と年齢の近い若い営業ばかり訪問していることでした。

若手の営業はベテランに比べると情報を持っていません。このプロセスが把握出来れば、訪問先を考えるプロセスに寄り添って指導が出来ます。訪問すべき訪問先を共有出来れば、今度はその達成に向けて厳しくプロセスに寄り添うことが出来ますし、正しい努力により小さなゴールを達成すれば一緒に喜んであげることが出来ます。

次の例は今度は長期間成果の上がっていない、ベテランB君の話です。

ベテランですから新規で訪問先を開拓するよりは、既に関係性のあるお客様から信頼出来る方を紹介いただくのが、担当者自身のこれまでの信頼も活用出来るため、効率が良く、いい仕事につながります。

B君に同行してみると、既に関係性のあるお客様とは上手にやり取り出来るものの、紹介を欲しいということを具体的にお願い出来ていませんでした。良くしてもらっているお客様に「あれもこれも」とお願いすることに気後れしていたのです。

そんな弱気では得意先を増やすことは出来ません。同行したリーダーは具体的な紹介のお願いの仕方や、紹介先が繋がった時の御礼の仕方などをレクチャーしました。そのうえで、頑張れば達成可能なギリギリの目標を設定し、達成を目指すのです。

大切なのはプロセスに妥協を許さないリーダーの厳しい姿勢です。

人間は弱いもので、「今日だけなら」「景気が悪いから」「こんなものだろう」と考えてしまいます。しかしリーダーはそこに妥協を許さず、厳しく奮い立たせてやって欲しいのです。それが「厳しさ10倍」の意味するところです。

リーダーは自分を基準に「厳しさ」を追求してはいけない

ここで1つ、注意点です。

厳しさを追求する際に、リーダーは自分を基準に考えないことが重要です。

仕事が出来てリーダーにまで昇格した人は、油断するとつい「自分」を基準に他者を評価してしまおうとします。自分を基準にするから「みんな自分と同じように出来るはず」と考えてしまい、他のメンバーの仕事の成果が上がらないことを理解出来なくなってしまうのです。

リーダーは、自身が人よりも仕事が出来たためになれたのであって、自分も含めた「リーダーになれた人」とそれ以外のメンバーを比較するのは間違っています。むしろリーダーは「自分のチームには自分より仕事が出来ないメンバーしかいない」と割り切るべきです。

その上で、リーダー目線で「ダメ・全然ダメ」と評価するのではなく、個々のメンバーの実力から成果があったのか、成果が出なかったのかで評価すべきです。

目線を下げることで、自分と比べると成果が物足らなくても「いつもより頑張ったね」と声を掛けることが出来ます。メンバーが失敗し、リーダーと比べればとんでもない失敗であっても「A君らしくないね」と声を掛けることが出来ます。メンバーを基準に仕事のプロセスに寄り添ってあげて欲しいのです。

「課題」と「人」をセットにして評価してはいけない

成果の上がっていない担当者にハラスメントをしてしまうリーダーの心境に「課題と人を一緒に考えてしまっていること」があります。しかし、課題と人は分けて考えるべきです。課題とは戦いますが、人と戦うべきではありません。

例えば、重病を患ってしまった人に「あなたは何故病気になるのだ」と咎める人はいないでしょう。戦うべきは「病気」であって「病気になった人」ではありません。

当社は落ちこぼれを作らない組織を目指していますが、自ら望んで落ちこぼれてしまう人間などいません。自分の力ではどうしようもなくなって、周りに声も掛けられなくなって、落ちこぼれてしまうのです。

当社では落ちこぼれてしまいそうな社員の抱えている課題（病気）に向き合って、囲い込んで湧き上がる組織によってみんなで課題に向き合っているのです。

これを「課題」と「人」をセットで考えてしまうと「課題を抱えている人」が憎くなります。憎しみは人権を無視した言動などのハラスメント＝パワハラに繋がっていきます。病気を患った家族だと考えて〝病魔〟と闘うべきなのです。

「愛情100倍」の基本は「家族経営」

「愛情」は厳しさの10倍の100倍です。

この表現に向き合うほど、どうして良いのかわからなくなるかもしれませんが、その答えは「家族経営」にあります。社員を家族だと考えるのです。

藤原はメンバーに寄り添うことが苦手なリーダーには「家族だったらそんなに冷たく出来るか？」と問いかけます。

建設業界では必須の資格として宅地建物取引士があります。資格未取得の社員は年に一度、試験の申し込み・講習の申し込みをします。特に5点免除講習は受講することで点数が5点（50点満点）上乗せされるので合格を目指すなら必須の講習とされています。

昨年度この講習の申し込みを忘れた社員が一人いました。大変残念で、本人はもちろんですが、リーダーにも反省を求めました。

もし自分の子供が受験を目指していたら、心配で「ちゃんと申し込みしたか？」と確認するでしょう。家族には出来るのにメンバーに出来ないのは、愛情が足らないからなのです。

経営の神様と呼ばれる京セラの創業者・稲盛和夫さんも、社員は家族だとおっしゃっています。「大家族主義経営」として社員同士がお互いの成功を祝い、困難を共有し、共に成長出来る環境を創り出すこととされていました。社員たちは家族のように信頼し合い、尊敬し合い、助け合うことが期待されていたのです。

また、稲盛さんの右腕として京セラのアメーバ経営の仕組みと情報システムの確立推進、ＪＡＬの再建にも携わった株式会社ＮＴＭＣ代表取締役社長・森田直行氏が、過去にこんなお話をされていました。

『稲盛さんは、家族というのはどんなに喧嘩をしても、一晩眠れば何事もなかったかのように元に戻れる。会社の社員同士もそうあるべきだとよく話していた』

最近はワークライフバランスの確立など、昔より仕事とプライベートを分ける考えが浸透しています。私たちもこの考えを否定するものではありませんし、仕事の時間と家庭や自分の時間を大切にすることは推奨しています。

社員同士も何かの縁で一緒に仕事をしており、同じ目標に向かって成長を共にしている訳ですから、愛のある繋がりがある方が良いに決まっています。それが落ちこぼれをつくらない会社の風土を作り上げるのです。

「保険を掛ける言葉」はいらない
～宣言してやり切れば応援される～

かつて、私が所属していた大和ハウス工業の創業者・石橋信夫氏がこのような言葉を残しています。

『計画は内外に公表せよ』

計画は自分の心の中だけに留めていれば、弱い自分が「今月だけあきらめよう」「今日はこのくらいで良いか」「景気が悪いから出来なくても仕方ない」となってしまいます。

しかし、内外に向けて言い切ることで、逃げられなくすることと、とことん目標に向かって前進する力が生まれ、個人の力がチームの力となり、湧き上がる組織となってやり切ることが出来るのです。

この「言い切る」ということについて、私はかつて、藤原から「言い切ってやり切る」と聞かされた時、真っ先に石橋氏の言葉を思い出しました。

藤原は、社員が用いる言葉にも注意を払います。目標は「言い切ってやり切る」ものだというのが藤原の考えであり、言い切るのに余計な言葉は必要無いとしています。

藤原には、積水ハウス時代の営業担当としての実績に加えて、支店長、本部長、常務執行役員を歴任し、数々の歴史を塗り替えてきた過去があります。これらの実績を残せたのも、目標を「言い切ってやり切る」と言う考えが基本にあります。

皆さんの現場では言葉遣いにまで注意を払っていますか？
藤原流の社内での言葉選びから、湧き上がる組織を考えてみたいと思います。

まず「言い切って」ですが、言葉を濁すのではなく「言い切る」としています。
やってみるとこれが意外と難しいのです。保険を掛けるような言葉や、弱い言葉は使うのは厳禁です。逆に禁句とされているのは次のような言葉たちです。

・とりあえず
・出来る限り
・最低でも
・少しだけ
・ちょっと
・なるべく

・徐々に
・一応

さらに、美辞麗句も良しとしません。

・粉骨砕身
・是が非でも
・死守する
・進退を賭けて
・決まったら逆転満塁ホームラン

言い切るのに、余計な修飾語は必要ありません。

自信の無い営業担当者に限って「**最低でも**〇〇します」「**ちょっと**事務作業が増えた関係で」「**なるべく**今月中に」と自分の目標に保険を掛けてしまいます。自分でも言い訳だとわかっているから、言葉を弱めてしまうのです。

このような言葉を排し「今月**必ずやります**」と言い切ることが重要なのです。

そうすることで覚悟が決まり、意識が変わり、作戦が変わり、行動が変わり、結果が変わると藤原は考えています。言い切った目標は必ずやり遂げるために、自分にも周囲にもその目標を宣言させるのです。

第3章

熱狂組織をつくる"One Team"の法則
——愛のシステムづくり

1人の100歩よりも100人の1歩

～最重要経営指標は「成約人率」～

マネジメントには「長所進展」と「短所是正」という2つのアプローチがあります。

営業組織で考えてみると、組織のパフォーマンスを最大にするためには、トップパフォーマーを更にレベルアップすることで生産性を向上させる「長所進展」なのか、ボトムのレベルを引き上げるべき「短所是正」なのか、ということです。

これらは営業マネジメントの経験がある方にとっては、悩ましいテーマです。扱う商材やBtoCのビジネスなのかBtoBのビジネスなのかによっても変わってくるでしょう。

私が長く経験した住宅や不動産の営業は一件あたりの金額が大きく、月に何件も契約出来ない商品です。すると成果の上がらない社員をかまっているよりも、パフォーマンスの高い営業にもう一件頑張ってもらう方が、マネジメントとしては安心なのかもしれません。組織が短期的な成果を上げようとすると、上位2割に着目し、更に成果を上げてもらう方が良いと考えても不思議はありません。要するに「長所進展」の姿勢です。

しかし、タカマツハウスでは落ちこぼれを作らない組織を目指し、ボトムのレベルアップに取組むことで、短期間で大きな成果を上げることが出来ました。ポイントは定石と言われるビジネスのセオリーを〝あえて受け入れない姿勢〟です。

2：6：2の法則は〝あえて〟受け入れない

組織における生産性の指標で「2：6：2の法則」は良く知られるところです。

2：6：2の法則とは組織において「成績上位者が2割、6割が平均的な成績、残り2割が下位に分かれる」という考え方です。この法則は働きアリの集団にも見られるといわれ、営業組織のマネジメントの経験のある方には聞きなれた法則の一つだと言えます。

しかし、社長の藤原はこの法則を真っ向から否定します。営業生産性の指標において最も重視するのは「成約人率」と呼ばれる指標です。これは「全営業社員のうち、何人が契約したのか？」を把握する指標で、毎月・最小の組織単位まで「成約人率」の目標と実績を把握するのです。

具体的に当社の仕入営業では、営業所（5名程度）、事業本部（30名程度）、全社（70名程度）の「成約人率」の目標と実績が存在します。

指標だけ見れば、組織のうち何割が働いているかを示す指標にも見え、2：6：2の状況を把握する指標と思われても不思議はありません。しかし、その考えは、それとは根本的に異なり、「落ちこぼれをつくらない（下位2割を認めない）」に根ざします。つまりは「1人の100歩よりも100人の1歩・2歩（平均6割が平均以上の成果）」を重視しています。

もちろん、上位2割を称賛はしますが、このヒーロー／ヒロイン達はマネジメント陣が関与しなくても成果を上げてくれます。

組織のパフォーマンスを上げるには上位2割以外の平均・下位の社員をいかに湧き上がらせ、落ちこぼれを作らないかが重要で、出来る社員を重用し、出来ない社員を見捨ててしまうようなマネジメントでは湧き上がる組織を作ることは出来ないと考えます。

ちなみに当社の創業4期目（事業開始から3年）の仕入営業の生産性の平均は営業一人あたり3件／年です。平均を上回る4件／年以上の契約を達成した営業社員は46％もいます。約半数の社員が平均を上回る成果を上げているのです。

一方で平均を下回り、長期間契約の無い営業社員も存在します。この社員達が落ちこぼれにならないように、毎日徹底的にサポートしています。先輩上司はもちろん、間接部門の社員に至るまで、落ちこぼれそうな〝A君〟が成果を上げるにはどんな応援をすれば良いのかを考えて実行してくれているのです。

「成約人率」は出来ない営業社員を追い込む指標では無く、落ちこぼれそうな営業社員に光を当てて奮起してもらうための重要指標なのです。

「礼節・コミュニケーション・団結」
～礼節で組織に緊張感を与える～

役員と社員、上長とメンバー、社員同士のコミュニケーションが十分に取られた組織の活性度、団結力が高いことは想像に難くありません。皆さんも丁寧にコミュニケーションを取り、組織の活性度を上げたいと思っていらっしゃるはずです。

一方でコミュニケーションを取ることによって、組織が〝仲良しクラブ〟になってしまってはいけないと考えるリーダーもいます。仲の良いことは良いことですが、仲の良さは時に組織の緊張感を損ねることもあります。

私は当社が創業して間もなく、藤原が「礼節・コミュニケーション・団結」と繰り返し唱える際に一つの違和感を覚えていました。

それは「礼節」という言葉です。

湧き上がる組織を創るために礼節は最優先ではないと感じたのです。礼儀礼節は組織の規律を高めるためには必要だが、組織の活性化のためには最優先ではない…と思ったのです。しかし、それも意味をひも解いていくにつれ納得出来るものとなりました。

ここからは、コミュニケーションにおける礼節の重要性についてお話しします。

「礼節＝緊張感」であると考える

コミュニケーションが取れ団結した組織は居心地が良いですが、下手をすると仲良しクラブになり兼ねません。

礼節を重んじることで、常に組織に緊張感を持たせます。上長は、普段は気さくでコミュニケーションが取れますが、業務のこととなれば常に真剣勝負で、部下が少し緊張感を持って接するぐらいが良いのです。

会社組織はお客様や社員の幸せのために戦う集団ですから、緊張感のない仲良し集団であってはならないのです。

補足しておくと、緊張感は「恐怖では無い」ということも重要です。

パワーハラスメントが個人や組織に与える弊害が取り沙汰されています。最近では法整備も整い、過度なパワハラ事象はその個人や会社を社会から退場させることもあります。

私も過去に若気の至りで、成績が上がらない社員や風紀を乱す社員を叱り飛ばした過去があります。ですが、恐怖は組織を縮こまらせても決して湧き上がらせることには繋がりません。ここでいうところの「礼節」ですが、特別なことを要求するものではありません。

- **挨拶をする**
- **身だしなみを整える**
- **遅刻をしない**
- **会議はあらかじめ準備し事前に資料に目を通す**
- **報告連絡相談を怠らない**

といった新入社員の入社研修で学ぶような基本的なことばかりです。

前職の大和ハウス工業で当時ＣＥＯだった樋口武男最高顧問は役職員に「凡事徹底」を説き続けました。

樋口氏は凡事徹底を繰り返し説き続けることで、当たり前のことを当たり前に出来る会社であることを社員に求めました。本来、凡事徹底とは「当たり前のことを人が真似出来ないレベルで行う」こととされていますが、樋口氏も藤原もそこまでを求めていないと感じます。

普通のことがキチンと出来る。そして、そのために社内には常に必要な緊張感がある状態を求めているのです。

なぜ残業しないのか？
～メリハリこそ成果が出る秘訣～

企業が短期間で急成長するためには、社員にたくさんの成果を上げてもらう必要があります。特に会社の立ち上げ当初は、仕組みも効率化のツールもなく、通常の業務執行がただでさえ非効率なところに、立ち上げに必要な業務が追加されます。

これだけを聞けば、創業当時は寝る間もないほど仕事をしなければ成果が上げられないと想像してしまいます。実際、ベンチャー企業やスタートアップの時点では労働時間度外視で働くものだという〝前提〟があるのではないでしょうか？

しかし、当社では長時間残業を良しとしません。残業そのものをさせないわけではありませんが、それでも実際の残業時間は平均18時間／月です。

これは今になってそのようにしたのではなく、創業当時から残業は少ないです。では、残業なしで成果を上げるためにどんなことに取組んできたのでしょうか？

最後の仕事だから妥協はしたくない

当社は令和に創業したベンチャー企業ですが、同業他社で20年以上の経験を積んだ経営陣が創業から携わっています。社長の藤原を中心に、立ち上げにあたっては「この会社を立ち上げ、成長させることが、社会人としての最後の仕事である」と覚悟を決めたメンバーばかりです。

現在、多くの会社でウェルビーイングと言われる、社員の幸福感を高める企業の取組みがなされていますが、これまでの延長線では難しいこともたくさんあります。いろいろな〝しがらみ〟があるからです。

ここで言うしがらみとは、相変わらず長時間労働が美徳とされる企業文化や、会社に居残り残業代を生活費として稼ぐ社員が存在するなど、企業にとって様々ですが、変化への足かせとなっていることを示します。

しかし、当社は令和に立ち上げた会社ですから過去のしがらみは全くありません。したがって、最初から「残業はしない」「効率的に仕事をする」と決めて取組んでいるのです。

最後の仕事ですから妥協はしません。

社員や社員の家族の幸せのために事業を開始したわけですから、最初から妥協したら会社の存在価値を否定することになるのです。そんな会社だったら作る必要がありません。

新しいことをするのだから、最も新しい考え方で妥協したくない。その強い思いがあります。読者の中には「自分の会社は新しい会社ではない」と考える方もいらっしゃると思いますが、組織が新しくなるきっかけは何も創業に限ったことではありません。転勤や昇格など、きっかけはいくつもあります。

藤原は積水ハウスでどこの営業所、支店、営業本部に行っても、行った瞬間から成果を上げています。まさに「カードをめくるように変える」そうです。

チームのためにリーダーが妥協しない職場環境を作るのです。きっかけはいつもリーダー自身の心の中にあるのです。

仕事とプライベートの振り幅が大切。感性を磨く時間が必要

このように書くと当社の人間は「仕事一辺倒」とイメージを持たれてしまうかもしれません。しかし、そんなことはないのです。

私たちは覚悟を持って仕事をしますが、同時にプライベートも思い切って楽しみます。言ってみれば「仕事とプライベートの振り幅」をわきまえて働いています。

思いっきり仕事をしたら、思いっきりプライベートを楽しむ。私たちは若い時から、振り幅にこだわって仕事・プライベートを過ごしてきた社員が多いです。

藤原も例にもれず振り幅を大切にしていました。誰にも負けない努力をして、誰にも負けない成果を出しているのだから、文句を言われる筋合いはないと考えていたようです。

思いっきり遊ぶからこそ、それがモチベーションになって仕事を頑張れる側面もあります。たくさん遊ぶためには、たくさん稼ぐ必要もありますから、これもモチベーションになります。

また、ただ遊んでいるのかと言うとそうではありません。

仕事が出来る人は、スキルとセンスが優れている人だと言えますが、センスは仕事よりもプライベートで磨かれるものです。人脈も遊びの中で増えるものですし、遊びの価値観が共通する人とのお付き合いは、深く濃くなるものです。

仕事の経験を積んで勉強すればビジネススキルは向上しますが、センスはそうはいきません。家族や友人を大切にし、いろんな人の価値観に共感したり、共感されたりすることで磨かれるものです。朝から晩まで、休みなく仕事をしていても、磨かれるものではありません。私たちが社員に振り幅を求めているのはこのためです。

プライベートを通じて人間力を高めてもらいたいのです。仕事において大切なことほど、仕事以外のことで身につくのです。

点検確認と雰囲気作り。リーダーの決意

ではリーダーが残業はさせないと覚悟すれば残業はなくなるのでしょうか？　決してそんなことはありません。リーダーの覚悟は必要条件であって、十分条件ではないのです。覚悟を決めたなら、その通りになっているか、計画と点検確認が重要なのです。私たちは、月間行動スケジュールを通じて、社員が小さなゴールに向けてどんな活動をして、次にどんな活動をするのか、点検確認をします。

毎日の残業は日々の成果の確認の中で、今日は残業をするのか、しないのか？　するならばどんな業務で何時に終わるのか？　また、中締めのタイミングで、前半戦で残業をいくらしたのか？　必要な残業だったのか？　残りの後半はどうするのかについて、リーダーとメンバーでコミュニケーションがあります。

全社員の残業の状況は、役員や本部長に共有されています。

リーダーが言いっぱなしで達成出来るのであれば苦労はしません。日々の業務で徹底的にこだわって点検確認するから出来るのです。覚悟とはそう言うものです。

一方で雰囲気作りも重要です。リーダー自ら率先して業務を早く終わらせる。リーダーが自ら振り幅を見せてあげるのです。

自らがセンスのある社会人になれば、メンバーも自分もそうなりたいと思うものです。メンバーに求めるだけではなく、自らが振り幅の大きくし、人間力を高めることで、長時間残業に成果を求めないチームとなるのです。

短期間の頑張りでインセンティブは3倍
～ボウリング式採点方法～

仕事とプライベートのふり幅が大事で、プライベートの出会いや経験が仕事に活きるという考えは前述の通りです。プライベートの充実には収入も大切で、特にこの業界で営業職を選ぶ方は「稼ぎたい」意識が高いです。しっかり稼げる制度とすることで、仕事へのモチベーションを高めることが出来ます。私たちのインセンティブ制度は、成果が報酬として手に入るという点で優れた制度となっています。異なる業界でも十分参考にしてもらえることでしょう。

制度設立の背景

当社のインセンティブ制度は営業開始間もない２０２０年3月に制定されました。まだ社員数が二十数名の時です。早期に営業体制を確立するために、採用活動を本格化したのがこの頃です。知名度のない当社の魅力になるインセンティブ制度にするために、①年収３０００万円以上稼げること、②一件契約したら、もう一件契約しようと気持ちになることを条件に検討に入りました。同業他社に類を見ない魅力的なインセンティブ制度にするために、様々な調査やヒアリングを実施しました。作っては見直し、見直してはやり直し、検討を繰り返しました。

業界でも珍しい「基本給＋賞与＋インセンティブ」

当社では基本給＋賞与に加えてインセンティブを支給しています。一般的に多いのは、営業の成果は賞与に反映されて、インセンティブの支給は無い会社。あるいは、インセンティブは支給されるが、賞与の支給は無い会社です。また、フルコミッションと言われる、すべて成果給という会社もこの業界には多く存在します。

私たちが目指したのは、「基本給＋賞与＋インセンティブ」の制度です。大手ハウスメーカーなどでも採用されているこの制度は、基本給の安定感がありながら、社員全員で頑張った業績が自分の賞与に反映され、自分自身が頑張った成果はインセンティブとして支給される魅力的なものです。

最大の特長～短期間の頑張りが成果に～

インセンティブ制度設計において、もっとも特長的なのが、短期間の頑張りが支給額の増額に繋がる独自の制度です。当社のインセンティブは仕入営業も販売営業も四半期（３か月）ごとに評価をしますが、四半期のなかでもう一件契約すれば、支給額が増額される制度となっています。一件契約したら安心するのではなく、もう一件頑張って契約して欲しいのです。

もう一件契約出来れば、最初の一件も含め、その四半期に契約した案件すべての支給額が増額になります。二件目が契約出来れば、さらにもう一件と実績を重ねるごとに四半期間の契約すべての支給額が増額となります。仕入営業も販売営業支給倍率加算のステップは５段階あり、最大で３倍の大幅増額となります。

要望を聞いて常にブラッシュアップ

当社のインセンティブ制度は一度作ったら終わりではなく、何度も改定を重ねています。営業社員の要望を聞いたり、役員や本部長からの想いを込めたりと、ブラッシュアップされています。具体的には制度制定以降３年半で４回の制度改正が実施されています。大きな改正点としては、リーダー加算の導入があります。営業所長は4～5名のメンバーをマネジメントしながら自身の営業も行う、プレイングマネージャーです。リーダーのインセンティブ評価は、四半期ごとの自分自身の契約実績が基本ですが、メンバーの成果も加算出来るように改正（2回目）されました。リーダーは自分自身の成果も追求しながら、メンバーを育成しチームとしての成果を上げてもらうのですから、その頑張りも評価しているのです。他には、営業社員全員の宅建資格取得を目指した制度改正（3回目）や、都市部から郊外に営業エリアを展開するうえでの改正（4回目）など、進化しています。ブラッシュアップを重ねたインセンティブは言うなれば「門外不出の秘伝のたれ」です。社員のモチベーション向上のために進化を重ねていきます。

稼ぐことの重要性

これまで述べてきたように、社員の働く意味や自己実現、成長などをモチベーションに湧き上がる組織をつくることは重要ですが、お金も重要です。藤原と私はライバル企業で育ってきましたが、稼ぎに関する価値観は良く似ており、摺合わせした訳ではありませんが、社員に対し、まったく同じことを言います。

「人の倍お金を稼げば、人の倍お金を使っても、人の倍貯金が出来る」

京セラの稲盛和夫氏も、同社の経営理念を「全従業員の物心両面の幸福を追求すると同時に、人類、社会の進歩発展に貢献すること」としています。心も大切ですが、経済的な豊かさも幸福を追求することになるということです。不動産業界の営業はそもそも、稼ぎたいというマインドが強い社員が多いため、インセンティブ制度で湧き上がらせるのも効果的です。

もちろん、魅力的なインセンティブ制度を導入するには人件費がかかります。制度を維持するためには、お客様に喜んで頂ける付加価値の高い分譲住宅・戸建住宅用地を提供しながら、効率的な経営を行うことが条件になります。目指す事業の在り方と、インセンティブ制度は両輪です。いい会社にすることが、自分たちのためになるのだということを、社員に理解してもらい、社員にとっても経営陣にとっても良い企業を目指すのです。

リモートはやらない
～リアルな声掛けで心の隅々まで通い合う～

２０２０年の1月から猛威を振るった新型コロナウィルスのパンデミック――いわゆるコロナ禍ですが、当社が創業直後に見舞われたのが、このコロナ禍でした。

人との接触が制限され、行動が制限されたこの時期、企業経営に様々な影響が出ました。会社に出社しないリモートワークが推奨され、その後、世間的に定着しました。コロナが沈静化し日本国内でも２０２４年5月に「5類相当」に見直されてからは、リモートワークの弊害も指摘されるようになり、出社を推奨する動きも見られます。

海外では日本より先に出社しない弊害が指摘され、出社を促したり、原則出社に踏み切るテスラ社のような企業もあります。皆さんもコロナ禍後の社員とのコミュニケーションのあり方や、その後のリモートワークの是非に関して苦心されていることと思います。

創業直後にコロナ禍に見舞われた当社も、なんとかコロナ禍を乗り切ることが出来ました。そればかりか追い風に乗ることも出来ました。

当社が目指す、落ちこぼれを作らない、湧き上がる組織にはコミュニケーションが不可欠です。次にいかにして創業当時のコロナ禍を乗り切り、追い風に乗ったのか紹介します。

取り過ぎても足らないのがコミュニケーション

藤原は湧き上がる組織に必要なのは「礼節・コミュニケーション・団結」と言います。組織活性化において重視するキーワードであり、創業以来社員に向けて何度も何度も口にしています。

そして、必ずこの後に「**取り過ぎても足らないのがコミュニケーション**」であると付け加えます。社員のコミュニケーションを促す際に、このワードをセットで何度も繰り返し発言しています。

一体どのような意図で発言し、必ず付け加えをしているのでしょうか？

まずコミュニケーションですが、当社に入社すると社長・幹部から、徹底的にコミュニケーションが図られます。入社2日後には「どう、慣れた？」と慣れているはずもない社員にコミュニケーションを取るのです。

実際、藤原に「笑顔がいいね～」と声を掛けられた43歳の人事部長がいます。彼は2023年1月に入社したのですが、社長から笑顔が良いと声を掛けられたことを、自宅で奥様に報告したそうです。嬉しそうに語るご主人に、奥様は「転職して良かったね」と言ったそうです。

このように当社では、入社間もない社員から在籍年数の古い（といっても最長4年ですが）社員に至るまで、コミュニケーションが取られます。

「今日、誕生日だよね。おめでとう！」

「○○良かったよ、ありがとうね！」

社内では社長・幹部を筆頭に、このようなコミュニケーションが頻繁に取られています。

「取り過ぎても足らないのがコミュニケーション」ですから、やり過ぎるということにはならないのです。

なぜコロナ禍でもリモートワークをしなかったのか？

そんなコミュニケーションを重視する当社では、コロナ禍においてリモートワークを行いませんでした。当時、政府や経済団体から、リモートワークが推奨された時期でしたので、いささか不謹慎と捉えられても仕方がなかったと思います。

では、どうしてリモートワークを良しとしなかったのでしょうか？

それは、リモートワークによって「取り過ぎても足らない」はずのコミュニケーションが圧倒的に不足すると考えたからです。コミュニケーションはオフィスでのすれ違いざまや、ふとした仕事の合間にさりげなく行われるものです。さりげないからこそ、コミュニケーションは取れますし、もっと取りたくなります。

逆に、オンラインで「今からコミュニケーションを取るのでこちらにお繋ぎください」では、さりげないコミュニケーションは無理なのです。

現実を言えば、コロナ禍においてリモートワークを認めないやり方は、一部社員からも不満が出ましたし、社会的にも容認されない雰囲気もありました。社員本人だけでなく一部の社員は家族からも「あなたの会社は、どうかしている」と言われたであろうことは想像に難くありません。

私も状況を慮って、何度かリモートワーク導入を藤原に提言しました。しかし、ガンとして譲りませんでした。

結果、社会全体がコロナ禍でコミュニケーションが希薄化する中、当社は社員のコミュニケーションを重視し、湧き上がる組織を作り上げてきました。創業以来ずっとコロナ禍だった当社において、この時期のコミュニケーションは非常に意味があったと言えます。

中締め(仕事のハーフタイム)の重要性
～前半戦を振り返り、後半戦に臨む～

業務の成果の集計単位を月次にしている企業は多いと思います。月次（1ヶ月）の次は四半期（3ヶ月）で、その次が半期（6ヶ月）、そして通期（12ヶ月）というように、業績を数ヶ月単位で集計することが多いでしょう。

ですが、月次よりもさらに短いスパンで集計している企業は、それほど多くないのではないでしょうか？

当社では、月次の中間＝中締めを重視しています。最終的な営業成果は月次で見ますが、中間で締めて前半戦を振り返り、足りなければ後半戦で取り返す営業マネジメントを行っているのです。

これによって、月初めに定めた目標を必ずやり切るようにマネジメント出来ます。いわば営業の「ハーフタイム」です。

湧き上がる組織によって落ちこぼれを作らない意味でも非常に効果的で、月の半ばで落ちこぼれそうになっている社員を発見出来ます。本人はもちろん、周りもそれに気づくことが出来るのです。その考え方をご紹介します。

仕事のハーフタイム「中締め」

そもそも「中締め」は藤原が積水ハウスの支店長時代に開発したマネジメント手法で、成功事例として積水ハウス全国に展開されたそうです。

当時、私が在籍した大和ハウス工業でも「ライバル会社の積水ハウスは中締めというシステムで伸びているらしい」という情報が入り、私の所属した地区で中締めを実施した過去がありました。

当社で本当の中締めを体験して思ったのは、私が過去にしていた中締めは本家とは似て非なるものでした。当時、私たちが真似したのは「月の半ばで数字を締める」ことだけで、中間の結果管理でしかありませんでした。

藤原による中締めとは、サッカーやラグビーで言うところの「ハーフタイム」です。ハーフタイムと言うと前半戦と後半戦の休憩をイメージされる読者もいるかもしれません。スポーツに疎い私もその一人でした。

当社で導入されている中締めは前半戦の営業活動を振り返り、「何が出来て、何が出来なかったのか」を徹底的に検証することに重きを置いています。前半を振り返ったうえで、後半は戦い方（営業の仕方）を変えるための中締めなのです。

２０２２年カタールで行われたサッカーワールドカップで日本代表がベスト16入りし、

大変盛り上がりました。

森保一日本代表監督はハーフタイムで前半を振り返り、後半戦で戦術を変え、選手を交代させて、並みいる強豪を撃破しました。前半戦で勝利の見込み、達成の見込みが無いのにも関わらず、改善もなく後半戦に臨んでいては、成果など出るはずがありません。

しかしながら、ひと月で成果を捉えてしまうと焦り出すのは20日を過ぎてから…、そうなると月によっては残り稼働日数が6日などとなってしまいます。これでは、取り返しはつきません。落ちこぼれる社員は自ら落ちこぼれようとしているのではなく、自分一人の力ではどうしようもなくなって落ちこぼれていくのです。このままでは駄目だと本人も周囲も気付くためのシステムが「中締め」なのです。


2024年4月1日現在、70名の用地仕入営業が在籍しますが、これまで中締めはすべての営業ひとりずつがみんなの前で発表します。その発表を藤原はじめ、役員・本部長、営業全員が振り返りの内容と、後半の戦略戦術を食い入るように聞きます。

成果を上げ、淀みなく発表する社員はヒーローとなりますし、振り返りが甘く戦略戦術に落ちていない営業は役員や本部長から助けの手が差し伸べられます。その助けの手は、その場でのアドバイスにとどまらず、後半の営業同行といった具体的な応援となります。

中締めは落ちこぼれをつくらない組織における重要なシステムなのです。

リーダーの役目は勢いをつけること
～月ごとの頑張りを引き出す切り口～

中国春秋時代の武将・孫子は「善く戦う者は、これを勢に求めて、人に責めず」と述べ、「戦上手な者は、勢いに乗ることで勝利を収めようとし、個々の兵士の能力に頼らない」という教訓を残しています。組織に勢いをつけることこそ、リーダーの重要な役割です。

毎月が「頑張らないといけない月」にする

企業の中には月次で成績の評価を行っているところも多いと思います。四半期・半期・通期、中には週次・日次で評価している企業もあるかもしれません。

当社では毎月の評価を行っており、先述した中締めを中間時点での成果の確認と戦略戦術の見直しに充てています。

大切なのは、月ごとに気持ちを切り替えて挑戦すべき成果を目指すことです。「毎月同じように頑張れ」ではマンネリ化します。その月その月で切り口を変えて、勢いをつけるのです。当社で行っている「月ごとの頑張りを引き出す切り口」をご覧ください。

4月　今期スタートの重要な時期でありながら、不動産業界では繁忙期の3月が終わり、人事異動や歓送迎会など社内も取引先も一服ムードとなる。ここでの頑張りが成否を決する。

5月　大型連休もあり実働が少ない、第1クォーター決算を見据えて、しっかりと成果にこだわる月。

6月　最初のクォーターの決算。年間の4分の1のラップを刻む重要な月。ビハインドすると残りで取り返すのが大変。だから今月が勝負。

7月　地球温暖化の影響からか近年危険な猛暑が続いている。健康には十分気を付けながら、毎年成果が上がらない8月を見据えた営業活動を行う。

8月　実働が少なく残暑厳しいが、不動産が大きく動く9月と、第2クォーターの決算に向けた動きを取る。

9月　3月に次いで不動産が大きく動く月。不動産を動かしたい取引先の想いを先回りする営業で、これまでに遅れが出ている営業はしっかりと取り返す。

10月　第3クォーターのスタート月。住宅業界では住（10）月間とされており、住宅各社様々な仕掛けをしてくる時期。この流れに乗り遅れない。

11月　動きの落ちる年末を控えて年内の仕事の仕上げを見据えた計画的な活動を行い、万全の年末を迎える。

12月　実働日数が少ないが本年1年の総まとめ。忘年会や年末挨拶など、顧客との接点には事欠かない月。短期の成果と中長期の関係先の構築を見据えて動く。
1月　年明けに決意新たにスタートし、しっかり成果を残す月。最初から躓かないように、スタートダッシュする重要な月。
2月　2月8月は「ニッパチの法則」とも言われ、住宅不動産業界に限らず売上があがらない月とされている。同じように動いていては成果上がらない。3月末に引き渡しをする物件の商談のピークは2月。この月の動きが決算を左右する。
3月　言わずと知れた決算月。今年度のゴール。圧倒的な成果を仕上げする重要な月。遅れを取り戻す最後の月。

業界は異なれど、今月頑張らなければならない理由は必ず見つかるはずです。メンバーが納得する頑張る理由を探してみてください。

今月頑張らなければならない理由を見つけながら、時には全社員に大きなテーマを与えることも大切です。今月が勝負だと思えば全員成約月間といって、営業社員全員が必ず一件以上の成約を目指し、成約人率１００％を目標することや、過去最高月間と称し、過去に自分が出来た最高の成果を超えることを目標にします。

また、「過去最高月間」は本当に自分のベストを出し切った過去に挑戦することを意味しますので、中途半端な過去ではありません。過去最高は契約の結果だけでなく、訪問でも情報取得でも構いません。自分がこの成果は当時実力を出し切った最高の自分に挑戦する月を目標に掲げるのです。そうして掲げた大きな目標をリーダーと共に達成可能な小さな目標に落とし込み、チームの力で目標を達成するのです。

メンバーがちっとも燃えてくれないと嘆くリーダーも多いですが、この本質はメンバーが燃えないのではなく、リーダーがメンバーの心に火をつけられていないことにあります。

リーダーが〝言うだけ〟では勢いはつかない

頑張る理由が見つかっても、リーダーが言うだけでは勢いはつきません。リーダーの言葉がメンバーの心に感情レベルで浸透しないと、ただのスローガンになってしまいます。これをチームの状態に落とし込むのが大切なのです。

全社の視点とは異なる、自チームの課題があるはずです。連続で契約出来ていない人がチーム内に居たり、先月は仕入が出来たが販売が低調であった人がいるなど、今月に取組む課題はチームによって様々です。

今期の計画は達成して来期がスタートしているチームもあれば、今期の最後の追い込みをしているチームもあるのです。その課題をメンバー単位で落とし込み、今そのメンバーにとって達成すべき小さなゴールを設定するのがリーダーの役目です。

チームのリーダーが社長と同じことを言ったら「君は社長か？」となってしまいます。最悪なのは、会社の方針を社内に落とし込む際にチームリーダーが「社長が言ってたから」と言うことです。そのためにはリーダー自身が腹落ちして、リーダーの言葉で話さないといけません。また、いくら自分の言葉で言えたとしても、言いっぱなしで勢いはつきません。

・言った　≠　聞いた
・聞いた　≠　理解した
・理解した　≠　納得した
・納得した　≠　やってみる
・やってみる　≠　やり続ける

であることを肝に銘じて、やり続けて成果の出るところまで応援するのが、リーダーの役割です。そして何より、リーダーに勢いがなくては、チームに勢いなどつくはずがありません。リーダーはいつも前向きで、元気で余裕がある必要があります。

前述しましたが「業務に追われ予定がパンパンです」と疲れ切った顔で嘆いているリーダーが、メンバーに勢いを付かせることなど出来ないのです。もちろんリーダーには責任があって大変な面もあります。しかし、「俺も大変でさ」などとメンバーに愚痴を言うようなリーダーではいけません。

見逃しの罪

～家族だったらと思え～

メンバーに対して「あれ、おかしいな」「もっと、こうすれば良いのに」と思うことは良くあるはずです。しかしながら、些細なことであればあるほど、日常の業務の忙しさから指摘はせずそのままにしてしまった経験は皆さんがお持ちだと思います。「小うるさい上司だ」と思われるのも嫌ですし、「まあ、この程度は…」となってしまう訳です。私たちは、こういった見逃しを、《リーダーの「見逃しの罪」》と言って許しません。社内では様々な言葉を使いますが「罪」という最も強い言葉で非難します。見逃しの行為が日常の些細なことであるがために、強く戒めるために「罪」という言葉を使うのです。皆さんも思い当たる節があると思いますが、私たちが実践している見逃さない経営についてご紹介します。

私ですら挨拶が悪いと叱られた

私がタカマツハウスに入社したのは2019年10月です。その時の在籍人数は4名で、藤原社長と私、事務が2名という体制でした。私は入社して間もなく、藤原から「挨拶の仕方がなってない」と叱られました。私の朝の挨拶は座ったまま、首だけペコリの挨拶でした。前職ではそんなこと咎められたことがなかったですし、咎めたこともなかったので、さすがにムッとして「文化の違いですね」と言い返したことを今でも記憶しています。しかし、前述した通り湧き上がる組織において朝の挨拶は重要です。一日のスタートを気持ちよく切ること、社員同士の元気な挨拶と笑顔から始まる朝は大切なのです。藤原社長も後日談で、それなりの立場で来てもらった役員にそんなに細かいことを言うのか迷ったが、やはり挨拶は大切。役員であろうが見逃さず注意した。と言ってました。確かに言うほうも言われるほうも気持ちの良いことではありませんが、見逃してはいけないのです。

家族を見逃すのは冷たいリーダー

リーダーが「まあ、口うるさいと思われるのも…」とならないためには、やはりメンバーを家族だと考えるべきです。誰でも家族には幸せになってもらいたいものです。メンバーの幸せを考えれば些細な事でも指摘してあげる。本人のため、あるいは家族の幸せのためと考えるのが実践しやすいでしょう。例えばあるメンバーの身だしなみが整っておらず、第一ボタンが外れたままで、ネクタイが緩んでいました。リーダーは目の前にいるメンバーのことですから、気付いているはずですが、どうやら指摘はしていないようです。私たちがそのメンバーの身だしなみが乱れていることに気付いたら、本人ではなくリーダーに「ちゃんと指摘してあげなよ」と指導します。

「毎日顔を見てるからリーダーは気付くだろう」

「言ってあげなよ、かわいそうだよ」

あくまで本人ではなく、リーダーにです。そうして見逃してしまっていることに気付いてもらうのです。

「家族だと思って教えてあげなよ」

「なんだか冷たいやつだな～」

「愛がないな～」

となる訳です。見逃しが罪なのは些細な事だけではありません。業務の成果や、社員のキャリアアップに繋がる事もリーダーは見逃してはなりません。些細なことですら注意出来ないリーダーに、本人の力だけでは乗り越えられない困難に直面しているメンバーに、重要な気づきを与えることなど出来ないでしょう。

リーダーは「自らの立ち居振る舞い」も見逃さない

見逃しの罪を犯してしまう、もうひとつの要因は「自分も出来ていない」ことです。リーダーが出来ていないことをメンバーに指摘したところで、「あなたに言われたくない」となるはずです。自分のネクタイが緩んでいて、君はネクタイが緩んでいるから直しなさいと言うのは何とも滑稽で、あってはならない光景です。見逃さないことをリーダーに約束してもらうことで、リーダー自身があるべき姿で居てもらいたいのです。誰でも成果の上がっていない時ほど仕事に対して正面から向き合いづらい状況になります。そんな状態のメンバーを仕事に向き合わせるリーダーが、仕事から逃げていては話になりません。見逃しの罪を犯さないリーダーは、自らの立ち居振る舞いも見逃してはならないのです。

一方で自分がやっているから、君も出来るだろうは禁句です。自分を基準に考えればチーム内には不完全なメンバーばかりとなるでしょう。メンバー一人ひとりのレベルや状態に会わせて、見逃さず応援することでチームのパフォーマンスが向上するのです。

見逃さない＝落ちこぼれをつくらない

本書のテーマは「落ちこぼれをつくらないチームマネジメント」です。見逃すということは落ちこぼれようとしている社員を「見逃す」ことになるのです。メンバーは落ちこぼれたくて落ちこぼれているのではありません。自分一人の力ではどうにも出来なくて、落ちこぼれて孤立していくのです。そんなメンバーを見逃さず応援してあげるのが、タカマツハウス流のチームマネジメントの真骨頂であると言えます。

コラム

断る時ほど「作法」が必要
～どこまでいってもファンづくり～

当社の仕入れ営業では、住宅用地の情報を数多く集め、その中から希少価値が高い住宅用地を厳選して商品化します。おおよそ月に2000件以上の情報を集め、そのうち当社が購入の意思表示（買付《かいつけ》）をするのは50件前後です。

と言うことはいただいた情報2000件のうち、1950件は「残念ながら当社ではお取組み出来ません」とお断りすることになります。せっかく当社に情報をいただけた訳ですからお断りするのは大変心苦しいのですが、当社の仕入れ営業にとってはいただいた情報をお断りするのは、日常的な営業活動であると言えます。

この仕事においても、成果の上がる営業担当となかなか成果の上がらない営業担当の差が出ます。

成果の出る営業担当は、いただいた物件のどこが当社の購入基準に合わなかったのか？　どんな条件だったら購入出来たのか？　これらについて丁寧に仲介業者などの情報提供者に説明します。この理由説明が丁寧であればあるほど、誠実さが伝わります。

時には「だったらこちらの物件は合いますか？」「間口の広さが問題なのであれば、こちらの物件だったら合いますか？」とその場で次の情報を頂くことにつながるのです。

「当社で物件を購入したい」のように、先方に取って良い話であれば、ある意味で誰がやっても前向きな商談となりますが、悪い話であれば先方に取っても響きの良い話ではありません。取引先によっては「せっかく紹介したのに」「このエリアを重点的に探しているといったじゃないか」とネガティブな感情を抱くこともあります。

このような悪い話を、誠意を持って理由を丁寧に伝えることで「この人はデキるな」「誠実だな」という印象を与えることが出来ます。

一方で横着な断り方になると、そこで関係が途切れてしまうことにもなりかねません。

いただいた情報に対して何も回答しないで、あっさり断ってしまってはいけません。先方は「あなたの断り方が気に入らないからこれから取引しません」と告げることはありません。何も言わず「そっと」関係を切られるのです。

当社ではこれら一連の断り方を「断り品質」と名づけ、重要な仕入れ手法として位置づけています。「断り」に「品質」と言うのは、なんとも聞き慣れない組み合わせですが、取引先との関係を深めるのに大変重要です。

さらに、これは断られる側の受け止め方の話になりますが、大和ハウス工業の創業者・石橋信夫氏は「断られた時に営業は始まる」の言葉を残されています。

断られて初めて、提案のどこが顧客にマッチしていないのか、決められない理由は何かが明確になります。その課題を解決することで、契約に繋がるのだと教わりました。私が入社した当時の営業が〝野武士集団〟と呼ばれ、圧倒的な営業力を誇った理由はここにありました。断られても断られても諦めない営業スタイルが、営業の原動力だったのです。

断るのも、断られるのも、その時に課題が明確になるのです。課題解決の先に営業の成果があると言うのは、いつの時代でも、どちらのシチュエーションでも同じです。

第4章

できない人を〝見放す会社〟に未来はない

一番になっても意味がない
〜その先にパーパスがあるか?〜

近年は「パーパス経営の時代」と言われ、働くことの意味や、会社が存続する意味の重要性や理解が、働き甲斐や企業の業績に直結するとされています。

特に「Z世代」と言われる1990年代半ば〜2010年序盤生まれの年齢層の若者世代は、ワークライフバランスや報酬よりも、環境問題などに代表される社会課題の解決や自らの成長に働く意味を求めると言われています。パーパス経営は企業経営や人材業界で流行り言葉のように使われている面もありますが、実際の企業経営において経営陣、部課長、社員の全員に企業理念や働く意味を理解してもらい、業績向上を達成することは簡単なことではありません。

私たちも事業を始めた当初からパーパス経営を意識したのではなく、事業を進めて行く中で、その重要性を認識してきました。

従業員は会社が何をもって社会に貢献するのか? 仕事を通じて自分の人生で何を成し得るのか? については腹落ちすればするほど組織も人も大きな力を発揮します。そうやって一人ひとりが大きな力を発揮することで、組織としてもっと大きな力を発揮出来ることになるのです。次にパーパス経営についてお話ししたいと思います。

社員それぞれの「働く意味」「生きる意味」を一緒に考える

経営者や歴史の愛好家にもファンの多い坂本龍馬は「世に生を得るは事を成すにあり」という言葉を残しています。

現代語に訳せば「この世に生まれてきたということは何か自分にはなすべき事柄・意味、使命があるんだ」ということになり、まさにパーパスについての言葉です。

私がこの名言を知ったのは25年勤めた大和ハウス工業を退職する決意をした時です。転職を決めた当初、私は住宅業界を去ろうと考えていました。前職で経験した営業や経営企画・マーケティングのスキルを活かして住宅以外の仕事に就こうと考えたのです。

そこでリクルート出身で、数多くのエグゼクティブの転籍やベンチャー企業のインキュベーションなどを手掛けるインターウォーズ株式会社代表取締役社長・吉井信隆氏に相談をしました。

吉井社長は自分が出来ることを熱弁する私に「あなたはスキルの話をされていますが、志は何なのですか？　あなたは何を持って世の中の役に立ちたいと考えているのですか？志の無い人に紹介する仕事などありません」とおっしゃいました。

私は自分がいかに目先の仕事や業務のことばかり考えていて、この先どう生きたいのか、何を持って事を成すのかについて全く考えが及んでいなかったことに気付かされました。「志の大切さ」について気付くことが出来たのです。

吉井社長に相談した後、社会人になって25年の間、自分が何のために仕事をしてきたのか？　これから先、何のために生きるのかについて自問自答を繰り返しました。

住宅の仕事を通じてたくさんのお客様に喜んで頂けたこと、成果を上げたことで仲間に認めてもらえたことが、私が生きる意味であり、住宅を提供することで世の中を良くすることが、私の使命であると考えるに至り、「私は住宅業界を離れてはならない」との決断することになりました。

このような経験は、その後、志を同じくする社員を集める際に大変役立ちました。

自分の経験から、職業の選択をされようとしている候補者に徹底的に寄り添って、あなたの生きる意味は何か？　ご縁があってタカマツハウスに入社して何を成そうとしているのか？　について向き合うことが出来ました。そうやって入社した社員のほとんどが自らの生きる意味の実現を、自らが選択した職業を通じて実現しようとしてくれています。

本学と末学～勝利は末学、そこから得るものが本学～

日本語には「本末転倒」という言葉がありますが、辞書を引くと「物事で大切な部分と瑣末な部分を取り違えること」とあります。

私はあるとき、ラグビー元日本代表キャプテンで神戸製鋼を7連覇に導いた伝説のラガーマン林敏之氏に本末転倒（本学末学）について教えてもらう機会を得ました。著書の『常勝のワンチームを作る8つのステップ』では、このように記されています。

《「本末」とは「本学（ほんがく）」と「末学（まつがく）」という言葉でいい表されることがあります。「本学」とは人間性や倫理観のことを指し、「末学」とは知識や技術力を指します。つまり、「末学」ばかりをやって人間性を高めない学びは「本末転倒」ということになるわけです。スポーツでいえば、勝利は「末学」に当たります。勝利を目指した先に獲得出来ることこそ、「本学」にあたるのです。勝利だけを目指し、勝利の先にある目的をゴールとして設定しなければ、それは「本末転倒」。よって指導者の手腕は、勝利の先にあるゴールをどのように設定するのかという点において発揮されるべきなのです。》

私は最初に本末転倒（本学末学）について聞いた時、にわかに理解出来ませんでした。

林敏之氏（中央）、代表取締役藤原元彦（左）、著者（右）

このお話を経営に置き換えると利益や成長は「末学」、営業に置き換えると営業成績は「末学」だということになってしまいます。私のこれまでの人生は、飽くなき「成果の追求＝末学の追求」であったのです。

林先生の著書に記されているスポーツ選手も「勝つため」に飽くなき努力をしていますので、それを「本学」だと考えても不思議ではありません。勝つことを目的に飽くなき努力をしているからです。

しかしながら、タカマツハウスを立ち上げ、社員が働く意味を感じて活躍する姿やその姿を社員や家族が喜んで幸せを感じている姿、そしてお客様が理想の住まいを手にすることで、喜んでおられる姿や、感謝のお言葉に感激している社員の姿を見て、「そうか、業績や成績は幸せになるための手段であり目的ではないのだな」と感じるようになりました。

成果が上がらないのは、まさに「本末転倒」しているからなのだと強く考えるようになったのです。

林敏之氏は、藤原と20年来の交友関係があり、タカマツハウス創業時から人材育成などで協力を頂いています。林敏之氏がラグビーを通じて体得された、勝ち続けるチームを作るノウハウは、タカマツハウスの経営にも活かされています。

新卒社員の話～順番を付けるのが目的ではない～

創業以来、即戦力の中途採用の社員で会社をつくってきた私たちですが、２０２３年４月に初の新卒社員が入社しました。

想定よりもずいぶん早く新卒を迎えることが出来た喜びを感じました。前職でも25回にわたって新卒社員を迎えてきた経験がありますが、当社のようなベンチャー企業を選んでくれた喜びや責任感はこれまでに感じたことのないものでした。

そんな新卒社員に対しての想いから、彼らに掛ける言葉も以前とは大きく異なりました。

私は前職時代、新入社員の導入研修では「一番を目指しなさい」と言ってきました。一番とは「同期で一番」です。自分自身の新入社員時代を振り返り「一番を目指せ！」「自分は一番になった！」と発破をかけていたのです。

当時、研修レポートに「一番にならないといけないのですか？」とコメントを書いた新入社員もいましたが、当時の私はそんな質問をする彼らに対し「気合が足らない」という印象を抱いていました。

入社前に、当社の内定者たちが一同に会した機会で、皆にお話をする機会がありました。これといって話す内容の準備をしないまま私は彼らと面談することになったのですが、昔のように「一番を目指しなさい」と言うことはありませんでした。

むしろ「1番を決めれば2番を決めて、3番4番…と順位を決めることになります。私たちはそんなことを望んではいません。一人ひとりがお客様に認められ、仲間に認められ、仕事を通じてそれぞれの幸せを感じてくれることを望んでいます」「ここにいる皆さんが幸せを感じてくれる会社になれば、当社は良い会社になって、社会に貢献し業績を上げているはずです」と自然に話していました。

この時は私自身、自分の発言の変化に驚きました。ここまで読み進められた読者ならわかるように順位は末学であり、働くことで幸せになることこそが本学なのです。

上からは霞んで見えない
～下からは人数の2倍の目で見られる～

日々報道される企業の不祥事を見ていると、リーダーの倫理観が欠落しているように思えてなりません。

実際、転職を考えている候補者からは「上司が仕事もせず、社内政治やゴルフばかりしている。あんな風にはなりたくない」という現職での不満をよく聞きます。

リーダーの倫理観が欠如し、私利私欲に走ったり、ろくに仕事もせず事務所で踏ん反りかえっていては組織が湧き上がるはずもありません。

当社では、リーダーが上で、メンバーが下だという考え方はありません。

しかし、わかりやすい例えとして「上からは霞んで見えない。下からは２つの目×人数で見られている」と、リーダーに対して日常の行動を律するように働きかけています。

ここで大切なことは「メンバーは上司であるあなたに苦言は呈しませんが、見逃している訳ではない」ということです。

リーダーの目は２つですが、メンバーの目はメンバーの人数×２倍です。当然メンバーの目の方が多いわけです。リーダーは数多くの目が自分を見ているのだと言うことを忘れてはなりません。組織は頭から腐るとも言います。当社がリーダーに求めている倫理観についてお話しします。

動機善なりや、私心なかりしか

京セラ創業者・稲盛和夫氏の有名な言葉に『動機善なりや、私心なかりしか』があります。氏の公式ホームページには以下のように記されています。

《大きな夢を描き、それを実現しようとするとき、「動機善なりや」について自らに問わなければなりません。自分の動機の善悪を判断するのです。善とは、普遍的に良きことであり、普遍的とは誰から見てもそうだということです。自分の利益や都合、格好などというものでなく、自他ともにその動機が受け入れられるものでなければなりません。また、仕事を進めていく上では「私心なかりしか」という問いかけが必要です。自分の心、自己中心的な発想で仕事を進めていないかを点検しなければなりません。動機が善であり、私心がなければ結果は問う必要はありません。必ず成功するのです。》

この言葉を先に説明した企業の存在価値やパーパス経営の考えに沿って考えると、「必ず成功する」と強く断言されている理由がわかります。

企業の存在意義や重要な価値観が単に利益を追求するだけでなく、より大きな社会的・倫理的な意義にあると言えます。

善い動機と私心の排除は、組織がそのパーパス（目的）を達成するために重要であり、唯一の成功要因だと断言されているのだと思います。

稲盛氏はこの考えのもと、ＫＤＤＩの創業や日本航空の再建に取組まれたそうです。ＫＤＤＩでは国民が負担する高額な通信費を下げること。日本航空の再建では適正な競争により航空運賃が決まらなければ国民の利益を逸失するとの考えにより、無報酬で再建を請負われたといいます。

私たちはこれほどの高尚な動機がある訳ではありませんが、企業理念にも掲げている通り、住まいを通じてたくさんの幸せを実現していくことは、決してお題目ではありません。リーダーが目先の利益ではなく、お客様や社員の幸せに繋がるかを原則として考え行動しています。

また、私心については、右腕として活躍した株式会社ＮＴＭＣ代表取締役社長・森田直行氏からこんなエピソードをお聞きしたことがあります。

稲盛氏は社用車を家族の用事には一切お使いにならなかったそうです。徹底されており、奥様は社用車に乗ったことすら一度も無いそうです。奥様も徹底されていて、たまたま同じ方面にほんの数分であっても、同乗されることは無かったといいます。

公私をきっちりお分けになっていた様子が、このエピソードからも窺い知れます。

人間は動物の血が流れている。だから倫理感を養う必要がある

伊藤忠商事の元会長・丹羽宇一郎氏は著書『人間の本性』で倫理観について以下のように記されています。

《この世には善人も悪人もいない。人間が生物界の頂点にいるのは、脳が極端に発達して理性という道具を手にしたからです。ただ、基本的には動物ですから、「理性の血」の底には「動物の血」が流れています。

（中略）

ということは、「動物の血」のほうが「理性の血」に比べれば歴史が圧倒的に長く、それゆえ強靭といえます。「動物の血」を抑え、コントロールしようとする「理性の血」は、

いざとなれば簡単に消えてしまうでしょう。他人を顧みない自分手な行動をしたり、自分の利益のために人を踏みにじったり、嘘をついたり…。そんな「動物の血」は、常に「理性の血」の下をマグマのように流れているのです。いわゆる善悪というのは、「理性の血」が「動物の血」をコントロール出来ている状態が「善」、「理性の血」が姿を消し、「動物の血」が噴き出す状態が「悪」といってもいいでしょう。》

リーダーは人間（自分）には邪な「動物の血」が流れていることを認識したうえで、倫理観を持って「理性の血」で抑え込むことが必要です。

ポジションは一時的に与えられたもの

史上最年少で積水ハウスの本部長、執行役員、常務執行役員を歴任した藤原元彦は当時、上の役職を与えられる度に元代表取締役ＣＥＯ・和田勇氏から「名刺は命令書だ」とのお言葉をもらったそうです。偉くなったのではなく、その名刺を使ってその立場でしか出会うことの出来ない地元の名士や、企業のトップと人脈を構築し、業績を拡大せよという意味で「命令書」だと言うのです。

また、私が40代前半の頃、大きな事業部の責任者を拝命した時のことです。自らを律するために皆からは見えないロッカーの扉の裏に次のような言葉を貼っていました。

「実力で仕事、地位で責任」

これは元住宅金融支援機構理事長・島田精一氏の言葉でした。

人間はしばしば、与えられた自分のポジション自体が力を持っていると錯覚してしまいがちです。その結果、横柄な態度をとったり、権力を傘に地位で仕事をしてしまうのです。しかし、仕事は自分自身の実力で行うものであり、地位は責任を取るために与えられたものであるという考え方です。

これまでの努力が評価されポジションを得たわけですから、いい気になってしまいそうなものですが、この言葉が戒めになりました。

社内外からチヤホヤされても「これは自分にではなく、事業部長というポジションにしているこどだ。いい気になるな」と言い聞かせることが出来ましたし、何か問題が発生すれば実力のある自分が解決すべきと覚悟を決めることが出来ました。

ポジションを与えられると「自分は偉くなったのだ」と勘違いしてしまいます。しかし、与えられたのはポジションであって、自分は偉くともなんともありません。ここを勘違いすると、社外で尊大な態度を取って取引先からの評価を下げてしまったり、社内で権力を振りかざしたり、下からたくさんの目で見られたときに「うちのリーダーは何をやっているのですか？」となってしまうのです。毎日、リーダーがそのような勘違いに陥らないよう、注意を払っています。

正直者が馬鹿を見ない職場とは

日常の行動や言動はもちろんですが、常日頃の業務の意思決定や会社としての重要な意思決定についても、たくさんの目でみられているのがリーダーです。

自社と顧客の利害が一致しなかったり、不当な要求を突きつけられたりと、企業経営においては様々な局面でリーダーの判断が求められます。

当社では行動規範の一つ目に「フェア」を掲げており、胸に手を当てて考えれば、必ず導き出されるフェアな判断をリーダーにもメンバーにも求めています。藤原は、本来良いこと、悪いことは誰が聞いても当たり前で、胸に手を当てて考えれば答えは一つだと言います。

当社におけるフェアの定義は、以下の通りです。

1　Fair——私たちはフェアである

・誰に対しても真摯に向き合い、正直で謙虚でいよう

・礼節を重んじ、縁や恩、感謝する心を大切にしよう

・初心を忘れず学ぶ姿勢を持ち、沢山の人とつながろう

私心が自らの心を支配し、偉くなったと勘違いすればするほど「正直で謙虚」にいることは難しくなります。

当社は、2017年積水ハウスが被害に遭った「地面師事件」によるクーデターがきっかけで藤原が前職を退職し、髙松孝之名誉会長との縁から創業して、志をひとつにする仲間が集まり、成長しました。

私は、事件やクーデターを論じる立場にはありませんが、嘘やごまかしや裏切りを良しとせず、正直であることに妥協しなかった藤原の生き方に社員が共感していることは事実です。

これからも迷ったときはリーダーが胸に手を当ててフェアな判断が出来る会社でありたいですし、沢山の目で見ているメンバーもその判断に共感してくれると思います。正直者が馬鹿を見るような企業風土では湧き上がる組織の実現は困難です。

下に背伸びをさせ過ぎない
～身の丈にあった無理を～

目標設定は、達成可能な小さなゴールを設定して達成に向けて応援することが、落ちこぼれを作らないチームマネジメントとしてお話ししてきました。

次は「チームごとの目標設定はどのように行われるのか」についてです。

やはりチームの目標設定も頑張れば届くぐらいの、達成可能な目標にするのが良いと考えています。当社では「**背伸びしても、背は伸びない**」と考え、実力に見合わない、大きすぎる目標を良しとしません。

湧き上がる組織にするためにそれはかえって逆効果だからです。世の中には大きすぎる目標が弊害となり、不正に手を染めた事例も数多く見られます。

当社では大きすぎる一律の目標を排除し、社員一人ひとりが頑張れば届く、頑張らなければ達成出来ない目標を設定することで、社員の目標への意欲を喚起し、短期間で大きな成長を遂げることが出来ました。

「ノルマ」という死語

営業の世界には「ノルマ」という言葉があります。

Wikipediaによると「ソビエト連邦で社会主義企業において労働者に課せられる標準作業量。ソ連労働法では、労働ノルマのうち、時間ノルマ、および生産高ノルマを指した。」とあります。

やはり各個人や工場などに割り当てられた一定期間に達成しなければならない作業量や成績のことを指すようです。

戦後日本において人口が増え、経済が右肩上がりに成長している高度成長期において、決められた製品を標準工程に従って昼夜を問わず大量生産していた時代の言葉なのでしょう。

しかし、いつの間にか「ノルマ」という言葉がこの世の中から消えつつあります。

現在の人口が減少し、低成長となった日本では、大量に安価にモノづくりをするのではなく、世界に通じる付加価値の高い製品やサービスを創り出せるかが企業の成長を決めています。働き方も多様化しており、今の時代に求められる目標設定が重要です。

目標における「無理と無茶」

大和ハウス工業でお世話になった大野直竹・前社長は、無茶な目標を嫌う経営者でした。当時は年に二度、事業部の責任者が社長や営業本部長に経営数値の見通しをレポートする会議がありました。大和ハウス工業は最近ではデベロッパー色が強くなっていますが、当時は建設請負が主力の企業でした。

建設請負は工期がかかるため、半年先や一年先の業績は既に受注済みや着工済みの仕事から推し量れます。にもかかわらず、出来そうもない目標をレポートする責任者には「目標を見直すように」と指示が出ました。責任者本人だけでなく、そのような目標を提出させた本社部門に対しても「出来もしない馬鹿げた目標を認めないように」と指示をしていました。

出来もしない馬鹿げた目標では、その事業所に所属するリーダーもメンバーも「やってやろうという気持ちにならないだろう」というのがその理由でした。

これは今の当社にも共通する考え方です。

頑張って無理はしても、馬鹿げた無茶な目標ではモチベーションが上がらないのです。ただひたすら頑張るだけで成果の上がらない事業モデルでは、やっても意味がありません。「この方法で頑張れば成果が出る」という筋の良い戦略戦術に落ちていることが重要です。戦略が無いまま高い目標を強要すれば不正を招くことにもなりかねず、それでは家族同様の大切な社員を不幸にしてしまいます。

独立研究者・著作家・パブリックスピーカーの山口周氏は著書『世界のエリートはなぜ「美意識」を鍛えるのか?』の中で次のように指摘しています。

《ビジョンや戦略無いままに、真面目な社員に高い目標設定し、達成を強く求めれば、行きつく先はイカサマ。戦略無いのにコンプライアンスを言えば現場は疲弊する。》

2015年に東芝で発覚した不正会計処理の背景には、歴代の社長が「チャレンジ」と称して設定した過大な売上や利益の目標がありました。不合理な数値目標や過度なプレッシャーがあるのみで、戦略や戦術を経営陣から与えられることはなかったようです。

結果的に真面目な社員が思いついたのは数字の操作をすることで、達成したように見せかけた不正でした。結果、不正を働いた社員は処分され、会社は社会的な制裁を受けることになりました。

まさに無茶な経営が不幸な社員を作ってしまった例だと思います。

京セラ部門別採算制度に学ぶ「適時適切なＫＰＩの把握」

目標設定の重要性と合わせて「目標の進捗の把握」も重要です。これが無いと目標は〝絵に描いた餅〟になり、組織を湧き上がらせることにはならないのです。

目標管理については京セラや日本航空で採用された「部門別採算制度」が有名ですが、部門別に細かくリアルタイムで業績を把握するのにはかなりのノウハウが必要となります。

しかしながら、それぞれの社員やチームの頑張りが、会社にいくら利益貢献しているのかを把握するのはとても重要です。当時のＪＡＬの元会長・大西賢氏は、部門別採算制度の導入による変化を以下のように述べておられます。

《当初は部門別採算を「収支管理を徹底させるための仕組み」と見ていたが、導入してみてその威力に驚いた。「君たち実は勝っていたよ」と2ヶ月後に試合結果を教えられても、ちっとも燃えない。3万人の団体戦では、自分が貢献出来たかどうかもわからない。しかし10人のチームで毎月、勝敗がわかると「やったあ」「残念だった」と社員が一喜一憂する。かつてＪＡＬは泣きも笑いもしない組織だったが、部門別採算で生きている会社になった。》

また、稲盛氏の右腕の株式会社ＮＴＭＣ代表取締役社長・森田直行氏も、藤原との対談のなかで以下のように述べておられます。

《生き生きとした毎日を送るためには自分の役割や目標を適切な数字に落とし込み、その達成に邁進していくのがよいと思います。というのは不思議なもので、人間は数字で目標を持つと夢中になる性質があるんですね。100メートルを走るのに、0・01秒を競うのに人生を賭ける人がいる一方で、逆に数字のない目標は熱心にやらないし、言われたことをこなすだけになってしまうんです。》

このコメントからも、適切な目標を数字に落とし込んで把握することの重要性がわかります。

当社では達成可能な適切な目標を設定し、月間行動スケジュールや中締めと言ったKPIのマネジメントと、落ちこぼれをつくらない湧き上がる組織で実現する社員の達成感を大切にしています。

高い目標を設定し、来る日も来る日も成果が出ない毎日と孤独感が落ちこぼれをつくります。一方で、達成可能な目標に向かって上司や仲間のお陰で力を出し切って達成した達成感は、次への自信に繋がります。

当社の〝湧き上がる組織〟を作る要諦は、こういったところにあるのです。

コラム

私たちが商機を見出した住宅マーケット

ここでは、短期間で大きな成長を遂げた当社が、戸建住宅マーケットにおいて、どのように商機を見出し、成長したのかについて書きます。

まず、戸建住宅のマーケット環境ですが、日本経済が直面している低成長、少子高齢化による需要や働き手の減少から、新設住宅着工戸数は減少の一途を辿っています。

新設住宅着工戸数はバブル経済終盤の１９９０年の１７０・７万戸をピークに減少を続けています。２０２３年は81・９万戸となりほぼ半減しています。野村総研の試算では２０３０年には60万戸程度になると予測されており、現在も将来も大変厳しいマーケット環境です。

また、近年社会問題とされている空家の増加も住宅マーケットに暗い影を落としていると言えます。住宅・土地統計調査（総務省）によれば、空き家の総数は、この20年で約１・５倍（５７６万戸→８４９万戸）に増加しているとされ、実に７件に１件が空家です。このようなマーケットに毎年80万戸の新築住宅が供給される、極めていびつな市場になっています。

一方、働き手については特に大工さんの減少が懸念されています。2022年末公表の国勢調査によると、大工の人数は20年時点で29万7900人とされ、40年前の1980年と比べると約3分の1の水準になっています。他の業種より高齢化も進んでいるとされ、20年時点で大工の約60%が50歳以上で、うち30%超は65歳以上と言われます。

このように需要側にも供給側にも新設住宅が増える要素が見当たらない大変厳しい状況と言えます。

そんな環境下で住宅メーカー各社は着工数を減らし続けています。私たちは、このような低成長下のマーケットにおいて、どこに勝ち筋を発見し、戦略を描いたのでしょうか?

まず、新設住宅着工戸数の内訳を見ますと、持家に分類される、いわゆる注文住宅の市場は大幅減少していますが、分譲住宅に分類される、いわゆる建売は14万戸程度で推移しており、底堅い成長をしています。いろいろな見方がありますが、新築注文住宅信仰の強い日本の住宅マーケットにおいて、飯田産業グループに代表されるパワービルダーの台頭が一つの要因と考えられます。パワービルダーはこれまでは予算的に中古住宅しか検討することの出来なかった顧客層に新築建売の選択肢を提供したという意味で、新たな市場を創造しました。この功績は大きいと思います。分譲住宅は、首都圏で5万戸程度供給されており、私たちが新規で参入しても、ある程度の数字が取れると睨みました。

また、顧客の要望も変化しており、時間とお金を掛けて注文住宅をつくる顧客層が減少し、注文住宅と比べ、いわゆるタイパ（時間効率）やコスパ（費用対効果）の高い分譲住宅を選ぶ層が増加しました。これにより注文住宅市場の縮小に拍車がかかり、分譲住宅市場が比較的堅調に推移したとも考えられます。

私たちは、このような市場に、それぞれのエリアの顧客に「最善」な住宅を「厳選し「カタチ」にすることに商機を見出したのです。予想すら出来なったコロナ禍も追い風となりました。リモートワークやステイホームは自宅にいる時間を増加させました。通勤が必要無くなる代わりに、あと一部屋欲しいといったニーズが顕在化し、住宅市況が活況となったのは、皆様も記憶に新しいと思います。当時私たちが厳選して仕入れた住宅用地は、それこそ凄い勢いで販売が進みました。この追風で一気に会社の基礎が出来たと思います。

世の中は、統計や予測から推測がつくものと、天災など全く人知の及ばない領域がありますが、私たちは今のところ神様も味方してくれて、成長を実現したのだとつくづく思います。

第5章

起業4年で年商191億円を達成できた〝これだけの理由〟

挑戦無くして成功無し

〜転職というビッグチャレンジで集まった仲間〜

人材集めに悩まれている経営者は多いと思います。

特に中小企業の場合は、そもそも人材が入って来なかったり、優秀な人材は率先して大手企業に入ろうとするため、自社が理想とする人材はなかなか集められない傾向が強いでしょう。結果、人材の悩みが尽きないわけです。

タカマツハウスもまた２０１９年に創業した、言うなればベンチャー企業です。そして垂直立ち上げで事業を行うためには、即戦力の人材を中途採用で集める必要がありました。

そこで幹部クラスは大企業で重要なポジションを担っていた人材を集めました。集まった大手ハウスメーカーや大手不動産仲介の幹部クラスによってビジネスモデルを作りあげたのです。彼らにとっては、大企業でのポジションを捨て、この先どうなるかわからない新規事業に挑戦することになる、まさにビッグチャレンジだったでしょう。

チャレンジの背景には、今の当社の「落ちこぼれを作らない」チームマネジメントに至る経緯が秘められています。そこで、人材集めに悩まれている経営者のために、当社がどんな考えで大きな挑戦を共にする仲間を集めたのか紹介いたします。

「転職」「中途採用」のネガティブイメージをなくす

日本企業はこれまで、新卒一括採用で終身雇用を前提とした雇用システムで経営され、その制度のもと一企業を務めあげるサラリーマンが主流でした。そのシステムに乗るために、幼い時から勉強をして、いい大学に入って、いい会社に入社するのが成功とされた時代が長く続きました。

しかし近年になってその制度が人材育成の面で国際的に後れを取る要因になっているとの指摘もあります。２０２１年からは女性初の経団連副会長も務めるＤｅＮＡの南場智子会長は『日経ビジネス』２０２１年８月の記事で次のように言っています。

《こうして大企業に飲み込まれ、その会社独特の仕事の進め方を身につけていきます。何かに気づいても会社を離れる勇気が出ず、組織内での昇進争いに精を出す人も多いでしょう。日本の大企業の凋落を考えると、こういった個人の行動パターンは沈みゆくタイタニックで特等席を争っているように思えます。日本の教育は「間違えない達人」の量産システムであり、幼児期から誰かが決めた答えを言い当てる教育を受けます。決められたレール

の上を上手に速く走る訓練です。進路などの大きな選択も、世間一般に重視される指標である偏差値をもとに決めていきます。そういった環境で成功してきた優秀層にとって、レールから外れるのはとても怖い。まして一度外れると二度と戻れない可能性が高いならなおさらです。》

偏差値教育→大企業→終身雇用のシステムが、日本の優秀な人材を囲い込み、世界と競争出来るスタートアップ起業を阻害しているというわけです。

日本でも最近では自己成長や企業や個人が存在する理由を求め転職する社会人が増えているそうですが、いまだに大企業からの転職にはネガティブなイメージが付きまとい、「何か失敗でもしたのか」と言われます。

まず、この「転職や中途採用に対するネガティブなイメージ」を払拭するところからがスタートです。

当社は2023年4月に新卒採用の社員を迎えるまでは、中途採用の社員だけで組織をつくってきましたから転職にネガティブなイメージは持っていません。自己実現のために覚悟をもって自らの歩む道を選択した社員が、夢を持って活躍出来る会社にしたいと考えています。

信念と一致した感情躍動が勇気を生む

２０１７年、積水ハウスで品川区五反田のマンション用地を舞台にした、地面師事件が起こりました。その後、事件に端を発したクーデターまで起こり、当時代表取締役ＣＥＯ・和田勇氏が退任するといった経緯を辿りました。

藤原元彦は、事件にもクーデターにも全く関与していません。

ですが事件後に、常務執行役員の立場にありながら、新卒から34年間務めた積水ハウスを任期途中で退任しました。

私はその後、４年半にわたって共に当社の経営にあたってきましたが、嘘やごまかしや裏切りを嫌う藤原の判断は実に〝らしさ〟を感じます。信念を曲げてまで会社やポジションにしがみつくのではなく信念を貫き通したからこそ、新しい会社で驚異的な成長を実現したのだと思います。

藤原は「誠実にフェアに生きる」という感情と一体化した強い信念があったからこそ挑戦に踏み切れたのだと感じます。そして、貫きとおす場所があったからこそ、挑めたといっても良いかもしれません。

このような信念感情と行動をいかに結びつけるかで、人間のやる気は変わってきます。

落ちこぼれをつくらない手法として、社員の挑戦マインドに火をつけるとき、この本人の信念感情を対話により発見し言語化することが大切であると感じています。

ただし、共感を得ることの出来る熱い信念を持っていたとしても、それに気づいていない社員や、言語化出来ない社員が大勢です。

ですから企業側として、採用面接で志や信念があるかを確認することが大事です。その上で企業側の姿勢として「入社後に落ちこぼれそうになったとしても家族同様に応援し、本人が何を大切にして生きて行こうとしているのかを気づかせてあげる」ことを示すのが大事です。

これによって相手側の自分の人生に掛ける熱量が変わります。信念を貫き通すのも応援が大切なのです。

「自分にとって登り甲斐のある山」を提示する

１９８６年、三井住友トラスト不動産株式会社の前身となる住信住宅販売に入社した田村盛雄は、一貫して不動産売買仲介のキャリアを歩みました。プロパーで初の執行役員となり、２０２０年に常務執行役員を退任した後、当社に転職しました。

不動産業界における実績や人脈から数多くの企業からオファーがあったものの、当社を選択しました。その背景には藤原の「誠実さ」や「正義感」が、自身の信念と合致したそうです。

「三井住友系企業からスタートアップへの転職なんて、どうしてそんなことを？」

そのように感じたかもしれません。しかし田村にとっては、むしろそのことが転職の大きな決め手になったようです。そこにやりがいを感じたそうです。

《営業はスタートしていたものの、まだ軌道には乗っていない状況だったので、実績を見て、「え!? これだけ？ 大変だな」と正直思いましたが、逆に私はそれにやり甲斐と感じました。前職もほぼスタートアップのような会社だったので、元々そういうのが好きなんですね、きっと。20代に戻ったような、1からスタートする期待感や高揚感でオファーをお受けしました》

人材の中には安定した企業を望み、その企業で積み上げたキャリアを維持し続けたい人はいます。しかし一方で、何歳になってもチャレンジする気持ちに燃え、やりがいのある職場を探している人材もまた存在します。

そのような人材に対して、自分にとって「登り甲斐のある大きな山」を見つけて、提示して夢を握り合うことで、やる気になり、自分に合った登り方で山頂を目指すと考えられます。

何よりも大切なのは自分に合っているかです。それによって人はやる気になります。社員に対しても一律に価値観を押し付けるのではなく、彼の幸せを考え、適切な山を見つけて自分に合った幸せを実現させるよう、企業は働きかけるべきだと感じます。

絶体絶命の苦痛がトリガーになる

さて一方で、私の選択は先に述べた二人ほど高尚なものではありません。大企業で役員を務めていた二人とは比べものになりません。当時の私は「転職は逃げることで、仲間を裏切ることだ」と考えていたのです。もちろん自らが転職するなど一度も考えたことがありませんでした。

きっかけとなったのは、株式会社刀《かたな》の代表・森岡毅氏の著書『苦しかったときの話をしようか』を読んだことでした。書籍の本文には「人間は、みんな違って、きわめて不平等であり「それでも選択は出来る」とありました。

タイトルにある「苦しかった時」というのは、

1　劣等感に襲われるとき

2　自分が信じられないものを人に信じさせるとき
3　無価値だと追い詰められるとき

とあり、それぞれについて森岡氏の体験談が書かれていました。その体験談は私の置かれている状況とすべてが当てはまりました。

当時の私はマーケットが先細りしていく住宅業界において、会社から期待される業績をあげることに自信が持てなくなっていました。そんな私を「それでも選択は出来る」という言葉が背中を押してくれたのです。

もちろん書籍だけではなく、この間に数名の尊敬する人生の先輩方に相談し、皆さんから貴重なアドバイスをいただきました。

これはあくまでも私の例ですが、森岡氏が書籍の中で伝えていたように、誰しも苦しい瞬間というものが存在します。

しかし、その中でも「選択」は出来るのです。

そしてそれを知ること・伝えることで、相手の新しいチャレンジのきっかけになることもあるのです。「絶体絶命からの希望の渡し船＝転職」を堂々と社外の人に提示することも、方法論の1つと言えるのです。

転職は逃げることではなく、歩む道を選択すること

私の業務で最もウエイトが高いのが、人材採用です。

住宅で事を成そうとして転職した私が、日夜設計図面ではなく履歴書とにらめっこしているのは、なんとも奇妙なご縁ですが、候補者のキャリアに寄り添うことは、人生そのものに寄り添うもので、大変なやりがいがあります。

キャリアの選択はまさに自分の人生をどう歩むのか選択することです。ベテランや若手、それぞれの考えに寄り添いつつ選択の手伝いをしています。

ベテランの候補者に多いのは、現職が激務でとにかくヘトヘトになってしまっている方です。こんな方には「キャリアの前半は激流下り、後半は山登り」の話をします。

若くて体力のあるキャリアの前半では、激流のなかスキルを磨き、今後、共に戦える仲間を見つけるのです。そしてキャリアの後半では、これまで身に付けたスキルや仲間とともに自分が上るべき山を見つけ、自己実現するのです。

その山は高いか低いかではなく、自分が上りたい実現したい山であるべきで、人と比べるようなものではありません。キャリアの後半が自分らしくあるための選択なのです。

登りたい山の在り方が当社の在り方に近ければ、転職する選択をお勧めします。良いか

悪いかではなく、自分の価値観に合うか合わないかの選択を後押しするのです。

一方で若手は、いまある環境を変えたいという候補者も少なくありません。

ブラック企業で労働環境が劣悪な会社は、以前に比べ少なくなったのでしょうが、今でも一定数存在するようです。ブラックな労働環境に「不満」を感じ、転職を検討する方もいれば、あまりにもホワイト過ぎて、こんなに緩い会社で自分は成長するのだろうかと「不安」を感じて転職を決意する若手も多いです。

これらの現象は「不満退職↓不安退職」と言われ、近年増えてきていると聞きます。

いずれも今いる環境から離れることを選択する訳ですが、逃げることは悪いことではありません。前出のパブリックスピーカー・山口周さんは「逃げることは、最も有効な戦略」だと言います。

《危機に直面した生物は「戦う」か「逃げる」かのどちらかの選択を瞬時にします。では人間はどうかというと、多くの場合はこの2つのオプションを取るよりも「じっと耐える」「なんとか頑張る」という選択をします。多くの人間が採用する、この選択肢を選ぶ動物がいない理由はなんだと思いますか。実に単純な話で、そのような選択をした生物は絶滅してしまった、ということです。つまり、危機に際して「じっと耐える」とか「我慢して

やり過ごす」というのは、個体の生存という観点からは非常に不利な「悪いオプション」だということです》

自分に合わない環境を受入れ、自分の信念を曲げてまで今の仕事や会社にしがみつくのは、どうやら良い生き方では無いようです。

ご紹介してきた通り、私たち経営陣にとっては初めてかつ、最後の転職で当社に集りました。だからこそ妥協はしたくありませんでした。これだけのスピード感を持って会社を大きく出来た一因は「理想を掲げて、妥協しなかった」ことにあります。

その後に集まってきてくれた社員に対しても、人生を選択してきたのだから落ちこぼれをつくらない、落ちこぼれさせるわけにはいかない、と考えています。

転職というビッグチャレンジで集まったのは、幹部クラスだけではありません。タカマツハウスが強みとする用地仕入を、他社で経験し実績を積んだ社員も集まってくれました、全く不動産経験の無い社員も集まってくれました。タカマツハウスは創業してコロナ禍に襲われますが、コロナ禍によって飲食業界や旅行業界が深刻な打撃を受けたのは、記憶に新しいところです。そんな時勢でしたので、不動産経験は無くても、異業種で接客や営業の経験がある社員は積極的に受け入れました。集まってくれた社員の幸せづくりを目指してと言うと聞こえは良いですが、全く実績の無いベンチャー企業であった当社が、社員を集めるのは大変で、そうでもしないと人が集まらないというのが本音です。どんなに素晴らしい事業を想いついて、組織を湧き上がらせるマネジメントが出来ても、肝心の社員が集まらなければ、事業は出来ません。

そんな状況で集まった社員ですが、本書で紹介する落ちこぼれをつくらない湧き上がる組織に身を置き、お客様や仲間、そして自分自身の幸せに向き合った社員達は、徐々に実績を上げるようになりました。実績を上げたのは、経験者のみならず、未経験で入社した社員も実績を上げることが出来ました。ここでそんな社員達を紹介したいと思います。

元キックボクサーのFさん

Ｆさんはキックボクサーから転身し、２０２０年6月から当社で働いています。大学３年生の夏、ダイエット目的で通ったキックボクシングジムで、プロの練習試合に参加し、勝利を収めたことがキックボクサーとしての道への始まりだったそうです。大学卒業後はＩＴ企業で働きながらキックボクサーとしても活動しましたが、新人王トーナメントで２位に終わり、プロとしての道をあきらめることにしたそうです。Ｆさんは、その後フィットネスジムの店長の経験を経て、当社に転職しました。タカマツハウスの「仕入れから販売まですべてワンストップで携われる」というキャッチコピーに惹かれたのと、面接で藤原と私が厳しい世界で頂点近くまで上り詰めた経歴に興味を持ってもらえたことが入社の決め手だったそうです。しかしながら未経験からのチャレンジは、なかなか実績を上げることが出来ませんでした。何度も辞めようかと思ったそうですが、本書で紹介してきたような上司や経営陣からの応援を受けて、入社から2年後に初めての契約が出来ました。落ちこぼれそうになって挫折しそうな時だったので、その応援が心強かったと当時を振り返ります。

元大手靴小売業店長のUさん

Uさんは、2021年8月にタカマツハウスへと入社した、靴小売業界からの転職者です。彼のキャリアは、新卒で大手靴小売業に入社し、約10年間勤務しました。同期入社は約300人いたそうですが、負けず嫌いのUさんは「同期の中で全国売上1位」を目指して順調に売上を伸ばし、大型店の店長に抜擢され、一日600足の靴を売る全国一位の店舗を作り上げました。

彼の不動産業界への転職は、衣食住の「住」への興味がきっかけでした。タカマツハウスの「社員は家族だ」という企業方針に深く共感し、靴小売業界での人とのつながりを大切にする姿勢を、新たな職場でも活かすことを決意しました。未経験の分野であるにもかかわらず、仲間や上司の応援と、前職時代と同様の前向きな姿勢により、成果を上げました。Ｕさんは、キャリアチェンジを経ても変わらぬ努力と成長、顧客を第一に考える姿勢が根底にあり、タカマツハウスでも成功への道を歩んでいます。

元お笑い芸人のOさん

異色の経歴を持つのは、２０２２年６月にタカマツハウスに入社した元お笑い芸人のＯさんです。兵庫県出身のＯさんは幼少期、お祖母さんが自分のモノマネを見て笑ってくれたことを原体験に、人が笑っていること・笑わせることに情熱を注いできました。高校時代にお笑い芸人としてのキャリアを目指すことを決意したＯさんですが、芸人としての下積み時代に、多くの挫折を経験しています。同期であったウエストランド（第18回M－1グランプリ王者）の売れ始めを目の当たりにしながらも自身は成果を出せずに苦悩しました。結局、相方の挫折によりコンビを解散し、芸人を辞めることを決意したそうです。

その後、自分探しの旅として海外に渡りますが、海外のカジノで出会った富裕層は不動産関係か医療関係の人が多いなと感じたそうです。今から医者になることは不可能なので、不動産屋になって稼ぎたいと思い、不動産業界への挑戦を決意します。

帰国後別の不動産会社で約６年間の勤務を経験し、タカマツハウスに入社します。タカマツハウスでは持ち前のトーク力と、他の社員と同様に仲間からの応援を受け、大きな実績を上げています。

成熟産業でも負けない戦い方がある
〜やりたい事業をやる〜

現在の日本経済は「失われた30年」と称され、戦後の高度成長期からバブル崩壊を境に低成長の経済へと変化しました。人口動態をみれば超高齢化社会が訪れ、少子化は想定よりもスピードを上げて私たちの社会の先行きに暗い影を落としています。

そんな背景で、自社の手掛ける製品やサービスに将来性が見いだせず、悩んでおられる経営者やリーダーは多いはずです。住宅産業も前述の通り世帯数を住宅ストックが上回り、空き家が増え、世帯数は減少するという将来に希望を持てない産業構造となっています。

これは住宅産業に限らず、人口が減少することで、食品業界も衣料品業界も同じように将来に希望が持てない産業と言えます。

では、全産業がダメになるかというとそうではなく、やはり優れた競争戦略や新たな提供価値による事業の創出などによって、企業が生き残り成長している事例はたくさんあります。

たとえば眼鏡業界は人口減によって〝目玉〟が減っても、ファッションアイテムとして複数個の眼鏡を楽しむ生活を提案したり、視力が悪くない方にもスマートフォンやパソコンから出るブルーライトをカットする眼鏡によって、疲れ目を防止したり安眠を提供するなど、新たな市場の創出に取組んでいます。

本書を手にされた経営者やリーダーの皆さんも、皆さんが事業を行っていらっしゃる産業で何をすれば事業を成長させることが出来るのか、日夜知恵を絞られているはずです。私たちは低成長とされる産業に新規参入しながらも短期間で大きな成長を遂げました。それは統計による未来予測を信じるのではなく、自分たちがやりたいことをやる「内発的動機」によって事業をスタートさせたからです。どのように考えて、どのように進めたのか紹介し、皆さんが事業を成長させる参考にしていただければと思います。

タカマツハウスはこうして生まれた

高松グループにおいて新規で戸建事業に参入することになったのは、グループの実質的な創業者髙松孝之名誉会長の発案です。なぜ名誉会長は低成長の戸建住宅産業に新規で参入することを決めたのでしょうか？

髙松建設は髙松孝之名誉会長の父、髙松留吉氏が前身となる髙松組を１９１７年に創業したことからスタートしました。髙松留吉氏は若くして心臓を患い、逝去されたのは孝之名誉会長が19歳の時でした。

当時10名にも満たない髙松組を率い、一代で東証プライム上場の準大手ゼネコンと呼ばれるまで成長させた髙松孝之名誉会長の経営手腕は凄まじいものがありますが、会社がまだ小さい頃は元請け（施主から直接請負工事を受注し施工する）ではなく一次下請け、二次下請けの仕事をしており、積水ハウスの集合住宅の下請けなどもしていたそうです。

積水ハウスや大和ハウス工業など大手住宅メーカーはその後、大きく成長し、積水ハウスは売上高3兆円を誇ります。大和ハウス工業は国内建設業ナンバーワンの売上高5兆円の巨大企業となり、髙松孝之名誉会長はその成長力をリスペクトしていたと聞きます。

現・髙松建設代表取締役社長の髙松孝年氏は、大学卒業後新卒で積水ハウスに入社し、注文住宅営業としてキャリアを積んだそうです。そんなことから、髙松グループは大手ハウスメーカーのビジネスモデルへのリスペクトから、いずれ自分たちも戸建住宅事業に参入しようと考えていたそうです。

参入機会を伺っていた２０１８年当時、戸建住宅事業で後発ながら存在感を示していたのはオープンハウスグループでした。

低成長とされる戸建住宅事業において急成長していた同社は、首都圏で「東京に家を持とう」を合言葉に、敷地や建物が小さくても大きく見せる独自のノウハウや、圧倒的な販売力により実績を上げていました。創業25周年となる２０２３年９月期には売上高１兆１９８４億円となり、１兆円企業の仲間入りを果たしました。

髙松建設は大阪から東京へと、より魅力度の高いマーケットにシフトし、東京の建設不動産市場が巨大なポテンシャルを持っていることを認識していましたので、これらをきっかけに戸建住宅事業に参入することになったのです。この話を聞くと、原動力は「戸建をやりたい」という創業者や経営陣の想いだったと感じるのです。

ＶＵＣＡが追い風になる

統計予測などはあくまで未来予測でしかありません。

ＶＵＣＡ（「Volatility：変動性」、「Uncertainty：不確実性」、「Complexity：複雑性」、「Ambiguity：曖昧性」）の時代と呼ばれる現代で、統計予測から未来を予測するのは困難です。２０２０年には全世界でパンデミックが起こり、２０２２年にはロシアがウクライナに軍事侵攻し戦争が始まりました。２０２３年10月には、ハマスがイスラエルを攻撃し、紛争になるなど、この流れを誰が予想出来たでしょうか？

これらによって様々な経済変動があったことは記憶に新しいと思います。

私たちが髙松グループ経営陣の「戸建をやりたい」という思いの元に、集まったのが2019年10月。コロナが日本国内で最初に発見されたのが、2020年1月（中国の武漢市に滞在歴のある肺炎患者から発生）でした。4月には初の「緊急事態宣言」が発出され、まさに想像を上回る非常事態でした。

私たちには髙松グループ経営陣の「戸建をやりたい」という想いが、タカマツハウスに集まった経営陣には「戸建住宅業界で事を成したい」という志がありましたので、このピンチをチャンスに変えました。

未来はどうなるかわからないが『自分たちが良いと信じた戸建住宅を、信念を持って創り提供する』ことを胸に誓い、不断の努力をしました。

勝てるかどうかわかりませんが、退路を断って（転職して）これまで育ててもらった戸建住宅事業で、いい会社をつくりたいという強い思いがありました。

その後コロナ禍により戸建住宅への需要が高まったことで、私たちが信念を持って創った戸建住宅・住宅用地の販売が進みました。この追風がなければ、いまの会社の形になるのは数年先だったでしょう。

また、私たちが「戸建をやりたい」という信念がなく、「儲ければ良い」程度の気持ちでこの事業に参入していたならば、コロナ禍に見舞われて経済活動がストップした時に「先の見えない先行投資は一旦中止」の判断をしていたはずです。

もちろん結果がうまくいったので言えることもありますが、仮に更に経済状況が悪化していたとしても、変化に合わせた対応で乗り切っていたのかもしれません。

いずれにせよ「内発的な動機は大切」であると思います。

簡単に「駄目だろう」と決めつけてはいけない

ビジネスマンとしてキャリアを積めば積むほど、成功体験あるいは失敗体験が積みあがってきます。これは次の判断をするときに重要な経験となるのですが、安易に駄目だろうと決め付けるのは良くありません。

住宅業界で言えば、人口減・世帯数減・空家増の状況では戸建住宅を大きく伸ばすのは駄目だろうと、簡単に考えればそうなります。

しかしながら、たとえば人口が減っても増え続けるインバウンド需要に対応する民泊を併設した戸建住宅を建てれば、民泊として活用した収益がオーナーの月々の返済を助けるような住宅づくりに繋がります。

空家の増加も政府の対策が進めば戸建用地として優良な宅地が供給され、新たな需要につながるはずです。用地仕入に強みを持つビジネスモデルであれば、空家の増加と解消はビジネスチャンスととらえることも出来ます。

簡単に「駄目だろう」と決めてしまっては思考停止に陥り、そこから先に進めません。

大切なのは「自分の目で見て、耳で聞いた情報を信じる」という点です。

判断には判断材料（情報）が必要ですが、リーダーになると多くの情報は「人から聞いたもの」「人が聞いたこと」になります。これには見聞きした人の「バイアス（思い込み）」がかかります。

バイアスがかかった情報で簡単に駄目だろうと決めつける経営者に、新たな事業など創造出来るはずもありません。

すべての情報を自分で見聞きすることは不可能ですが、大切な情報は直接自分で確認する気概が必要です。直接と言っても、一本電話することなどで解決することが大半です。経営者は真実に近い情報を数多く得たうえで、判断をしなければなりません。

世の役に立つ事業で湧き上がる組織はつくれる

私が25年半勤めた大和ハウス工業の創業者・石橋信夫氏は、１９５５年の創業以来、常に社員に次のように語っていたそうです。

《何をしたら儲かるかという発想でことにあたるな。どういう商品が、どういう事業が世の中のためになるかを考えろ。会社は社会の公器やからな》

石橋信夫氏は、台風の強風でも倒れない稲の様子から、中が空洞の鋼管による建設事業を発想し、建築の工業化により戦後の高度成長期の建設需要に応えました。

また、「ミゼットハウス」（離れの勉強部屋としてダイワハウスが開発・販売したプレハブ部屋）は、戦後のベビーブームに生まれた自分の部屋が持てない子どもたちのために「安くて、安全で、独立した勉強部屋が出来ないか」という発想から誕生し、大ヒットしました。

いずれも「何をしたら儲かるか」ではなく「どうしたら世の中のためになるか」の発想で事業を創り出しました。東日本大震災や熊本の震災では建設の工業化による安価で短工期な仮設住宅により、被災した方々の生活を守りました。

その後、中興の祖と言われた樋口武男最高顧問は「あ・す・ふ・か・け・つ・の」（安全・安心、スピード・ストック、福祉、環境、健康、通信）のキーワードで世の中のためになる事業の創出を行いました。

ここにも統計予測によって儲かる商売をする発想はありません。

松下幸之助など名だたる経営者たちが「企業は社会の公器」として「物心両面の幸福を追求する」ことに心血を注いだのは世の中のためです。

「自分の才能、能力を私物化してはならない。自分の才能は、世のため人のため、社会のために使えと言って、たまたま天が私という存在に与えたのです」としたのは稲盛和夫さんです。今でも多くの経営者が感銘を受け、世の中のために事業にあたっています。

これらの経営者の想いを社員と共有し、世の中の幸福を我が幸福と考える社員が増えれば、落ちこぼれをつくらない湧き上がる組織がつくれるはずです。

藤原流パーパス経営
～仕事と人生に意味を与える～

世間一般では仕事を作業と捉え、リーダーは作業を配る人になってしまっている例があります。高度経済成長期であれば、決められた工程で手順通り正しく作業をすれば、決められた成果が出ましたが、現代は違います。当社では社員一人ひとりが自分の行う業務に意味を見出し、意味の豊かさで湧き上がる組織を作り出しています。

「企業文化は戦略に勝る」と言ったのは「経営学の父」「マネジメントの権威」ピーター・ドラッガーです。そして企業文化は経営者が想いを込めた「企業理念(存在価値)」「行動規範」を実践することで、それぞれの企業に芽生えるものです。藤原流パーパス経営では、企業文化として日々の業務はお客様を幸せにするために、そして自分が幸せになるために行っています。社員は、自分の時間を会社に切り売りしているのではなく、仕事も自分の時間として自己実現のために会社に来ています。そのような企業文化を形成するには、やはりリーダーのマネジメントが重要となってきます。リーダーが仕事を作業と捉え、メンバーに仕事を配るようなマネジメントでは、メンバーが湧き上がることは期待出来ません。リーダーは仕事をすることに意味を与え、その意味の豊かさでメンバーが湧き上がるような組織作りを行わなければならないのです。

メンバーに自分の時間を切り売りさせてはいけない

社員は自分の時間を会社に切り売りしてはいけません。会社に来て仕事している時間も人生の大切な時間です。会社に来て仕事していることを作業にしてはならないのです。ありふれた例え話のわりに原典不明（ドラッガー他、諸説あり）でご存知の方も多いと思いますが、次のようなものがあります。

ある旅人が3人のレンガ職人それぞれに「何をしているの？」と問いかけます。この話に出てくる3人のレンガ職人は、3人とも『レンガを積む』という、まったく同じ仕事をしています。そしてそれぞれが次のように回答をします。

《1人目のレンガ職人……見ればわかるだろう。レンガ積みをしているんだぜ。朝から晩まで、ワシはここでレンガを積まなきゃいけないのさ。雨の日も暑い日も寒い日もどんな時も一日レンガ積みさせられる。日当なんて知れたもんだ。もう、心も体もボロボロになるわな。

2人目のレンガ職人……オレは、ここで大きな壁を作っているんだ。これがオレの仕事でね。この仕事のおかげでオレは家族を養っていけると思うと嬉しいし、こんなありがたいことはない。

3人目のレンガ職人……実は、私は歴史に残る偉大な大聖堂を造っているのです。ここで多くの人が祝福を受け、つらいこと・苦しいこと・あらゆる悲しみ・哀しみから解き放たれることでしょう。本当に毎日張りがあってワクワクドキドキの連続です。素晴らしいと思いませんか。》

1人目は親方から与えられた作業をしています。自らの時間を切り売りし、積んだレンガの量が、報酬になります。こんな社員の集まりが会社であれば、湧き上がる組織の実現は不可能です。誰かが落ちこぼれても、自分が代わりにレンガを積めば、自分の報酬が増えるだけです。

2人目は、家族のためにレンガを積んでいます。それが大きな壁になることも知っています。企業文化など無くても、仕事を配るリーダーさえいれば、この状態にはなります。スポーツで言えば、勝ち負け。前述した末学です。家族のためにお金を稼ぐことは人生の目的ではなく、あくまで手段です。

3人目は、レンガを積むことで自分が働く意味を見出しています。偉大な大聖堂を作り、多くの人が幸せになれることを、自らの人生を生きる意味として捉えています。その意味合いが、より豊かであればあるほど、実現に向けて人生を賭けて志を達成しようとするはずです。目的を共有した仲間と達成した喜びは、何ものにも代えることの出来ない幸せとなるはずです。

住宅会社に例えるなら、1人目は会社に所属して、時間を切り売りして報酬を得る社員。会社に居続けるために、住宅を提供している社員です。2人目は生活のため家族のために、より高い報酬を得るために、時には実績NO・1を目指し、奮闘する社員です。私は自分が現役の営業時代によく「私は会社に所属するために家を売っているのではない。住宅という仕事を通じて自己実現するためにたまたま今の会社で家を売っています」と言っていました。どこかの本の受け売りなのか、いまとなってはハッキリしません。でもこの状態は2人目です。〝自己実現〟という言葉を使ってはいますが、世の中の役に立つとか、仲間の幸せを願うといった気持ちではなく、あくまで「俺が俺が」であったと振り返ります。また、世の中の多くの社会人は、この2人目の感覚で仕事をしていることでしょう。

私たちの考えているのは3人目の考えをいかに企業文化に出来るかです。

一人ひとりの背景を理解する

意味を与えるといっても、皆一律のものではありません。メンバー一人ひとりにとって、人生を生きる意味は異なり、一つとして同じではありません。リーダーはそれぞれの背負っているもの、目指しているものを把握し、見合った意味を見出してあげなければなりません。藤原流パーパス経営では、幸せづくりを企業理念とし行動規範としています。当社には様々なバックボーンを持った社員が中途入社で集まっています。当然背負っているものも、人生の目的も、幸せの感覚も違います。私たちが社員を家族というのは、家族である社員の一人ひとりに寄り添って欲しいからです。未経験で入社した社員の前職は実に様々です。変わり種だけでも、

- **大手靴量販店の販売**
- **大手家電量販店の販売**
- **全国焼き鳥チェーンの店長**
- **キックボクサーの日本ランク2位**
- **大手航空会社のＣＡ**
- **お笑い芸人**

と不動産とは大きくかけ離れた職業を経験しています。当然人生や仕事に対する価値観も異なります。私たちはこういったメンバーに一律に目標数値を与えるのではなく、在りたい人生や幸せに向き合います。もちろんそれは最も遠い人生の目的ですから、そこからバックキャストして、今何をしないといけないのか前述した小さなゴールを設定させます。小さなゴールの先には大きな人生の目的をイメージさせてあげるのです。

勝ち筋は人材集めにあり
～採用マーケティングの重要性～

少子高齢化による人口構成の歪み、コロナ禍による観光業や飲食業からの人材流出、インフレを背景とした増収増益、さらには好業績の企業が人材を求めることによる人手不足により、人材の確保は年々困難になっています。

そして優秀でかつ自社のカルチャーにマッチする人材を確保するとなると、その難易度は格段に上がります。人が集まらないと事業の拡大は図れず、人集めに苦労されている経営者の悩みをお聞きすることも多いです。

当社では、創業以来人材の採用を重視し、独自の採用手法により、優秀でカルチャーにマッチする人材の確保に成功しています。落ちこぼれを作らず、湧き上がる組織を目指すというカルチャーに合う人材を集めていますから、入社後のミスマッチが少なく、会社が目指す姿を共有し力を発揮してくれています。

落ちこぼれをつくらないためには、まず「落ちこぼれたくないという想いが強い人材」を確保すべきと言えます。

採用は営業とマーケティングのノウハウで行う

当社の発足時には、藤原も私も採用人事の経験はありませんでした。採用面接は前職の本部長や事業部長の立場で最終面接を行う程度で、まったくの素人でした。

しかしながら、この4年間の躍進の成功要因の大きなポイントが「採用」でした。採用は素人でありながら、営業やマーケティングに関しては豊富なノウハウがありましたので、豊富な営業・マーケティングのノウハウを採用に活かしたのです。

それらのノウハウを採用のプロセスごとに紹介します。

ポイントとなるのは「STP」を決めて行うことです。

STPとは「セグメント」「ターゲティング」「ポジショニング」のことです。

これらを最初から明確に決めていた訳ではありませんが、採用活動を進めるなかで明確にしていきました。STPはマーケティング用語ですが、採用活動にそのまま転用することが出来ます。

1　セグメント（市場細分化）

マーケティングの世界では、性別や年齢・年収などデモグラフィックな情報と、消費行動や価値観などを用いて、顧客をセグメントし狙うべき市場を明らかにします。

採用活動に置き換えると「経験者なのか未経験者なのか」「現職にどのような不満があるのか」「どんなキャリアを形成したいと考えているのか」などを細分化し、自社がターゲットとする求職者を絞り込みます。

当社の場合、創業当初は知名度がなく、候補者を集めるのも大変でした。すぐに優秀な経験者が集められる状況ではなかったので、経験者に絞り込むことはせず、未経験者も対象としました。

2　ターゲティング（狙う市場の決定）

セグメントと同様にマーケティングの世界では、年齢・性別・年収などに応じて顧客をターゲティングして狙う市場を決定します。

採用活動でもこれは水平展開出来ます。要するに「今の自社にどんな人材が必要か？」を明確にするのです。新入社員なのか即戦力（中途採用）なのか、営業職か事務職か、といったようなことです。

ターゲットは会社の状況で変えるのも大切です。

当社では、即戦力となる仕入営業経験者と、営業人員を確保するための未経験者を大きな二つのターゲットとしました。

仕入営業経験者も大手企業に勤めている候補者と、中小零細の企業に勤めている候補者とでは、今の仕事で抱えている問題や、目指す理想のキャリアに違いがあります。

大手企業に勤めている候補者は「大企業になってスピード感がない」「上が詰まっていてポジションがなく将来性がない」などです。

中小零細企業に勤めている候補者は「会社の将来性が不安」「せっかくいい土地情報を見つけてきても、お金が無くて買えない」という不満を抱えています。

このような不満を抱えている候補者はいずれも、営業力があって即戦力として活躍出来る可能性があります。

営業人員を確保するための未経験者は、今勤めている業種や職種にもよりますが、稼げる不動産業界で活躍したいと考えている候補者をターゲットとしました。現職で目覚ましい実績を上げていて、環境さえ変えればもっと稼げると自信を持っている候補者です。

仕入営業や不動産営業は未経験でも他業種の営業や販売あるいは接客で成果を上げていれば活躍出来る可能性があります。この時期コロナ禍で観光業や飲食業から人材が流出していましたので、この業界で活躍している方もターゲットとしました。

創業当初は仕入営業経験者と未経験者をターゲットとしましたが、一気に規模を拡大するフェーズでは、未経験者を大量に採用しました。

50名程度の従業員数の時に、毎月７名〜９名が入社する月が４ヶ月続きました。ある程度営業人が揃えば、営業生産性を高めるために再び仕入経験者に絞り、未経験者が育ち経験者になった現在は、再度未経験者をターゲットにするなど、２〜３ヶ月を目途にターゲットを変えています。

このようにして事業規模の拡大と営業生産性の向上をバランスよく実現させています。

3　ポジショニング（自社の立ち位置の明確化）

実は一番大切なのがポジショニングです。

マーケティングの世界でのポジショニングは、ある特定のブランドが顧客の心の中で独自の地位を築き、競合他社の製品やブランド認知の観点での差別化をイメージさせるための活動です。要するに「他とは違う」と思わせることです。

採用活動では、想定したターゲットに対して他社が取らない独自のポジションを取ることで、欲しい人材を集めることが出来ます。

仕入営業経験者に対しては現状の不満や不安を解消出来る「大資本のベンチャーで資金力もスピード感もある企業」「成長目覚ましくポジションが豊富」というポジション、未

「習い事してる不動産営業」なんて、この世にいないと思ってた。

→メリハリのある働き方、タカマツハウス。

あいつも、家族から「転職して、元気になった」って言われたらしい。

→幸せづくりに向き合う会社、タカマツハウス。

仲良く遊ぶAB区画の子供たちに「オジサンのお陰だぞ」と言ってしまった。

→見晴らしの良い未来、タカマツハウス。

胸に手を当てて、最初に浮かんだ答えで良い。それだったら僕にも出来る。

→フェアな会社、タカマツハウス。

3年で売上191億円。ビジネスにスピード違反は無いんだって。

→急成長する会社、タカマツハウス。

親にも、こんなに期待されたことないです。

→応援して囲い込む会社、タカマツハウス。

「彼の前職は仮面ライダーだったかな？」

「元格闘家はいますが、ライダーはいません」

→多様性を認める会社、タカマツハウス。

独自のポジションを表現した「採用コピー」

一年で、これまで生きてきた分の拍手をしました。
→湧き上がる組織、タカマツハウス。

100年続く大手資本下でのベンチャー、って都合良過ぎませんか。
→安定して挑戦できる会社、タカマツハウス。

「厳選」と名の付くものに対抗心が沸くんです。厳選ロースとか笑。
→最善を厳選する会社、タカマツハウス。

「慣れたか？」って、入社したの2日前ですからね。
→コミュニケーションは取り過ぎても足らない、タカマツハウス。

「応援」って職場で使える言葉だったんですね。
→落ちこぼれをつくらない会社、タカマツハウス。

先月も「勝負の月」って言ったよね。
→湧き上がる組織、タカマツハウス。

人の倍稼げば、人の倍使っても、人の倍残るって、計算合ってますか。
→稼げる会社、タカマツハウス。

経験者に対しても候補者の在りたい姿や不安を解消出来る「独自のインセンティブ制度で稼げる」「落ちこぼれをつくらない湧き上がる組織」というポジションを取るのです。

製品やサービスを提供する事業のマーケティングであれば、自社のユニークなポジションを広告や接客などあらゆる顧客の接点でターゲットにコミュニケーションを取ります。これを当社での採用に置き換えると「ユニークなポジションを候補者にお伝えする」ということになります。マーケティングと同じく、あらゆるタッチポイントでお伝えしなければなりません。具体的には、

- **求人票**
- **採用エージェントの理解**
- **ダイレクトリクルーティングのオファーレター**
- **コーポレートサイト**
- **人事採用担当者・面接官の言動**
- **あらゆるメディアの取り上げられかた（広報）**

で一貫したポジショニングを取ることが重要なのです。このあたりは私たちがマーケ

ティングで経験したノウハウを存分に発揮して効果を出すことに成功しました。

ＳＴＰを活用した採用手法が狙い通り行われている証として、入社した社員に採用に関するアンケートを取っています。採用活動はマーケティング活動ですから、自分たちの狙いが正しかったのか、そうでなかったのかを検証し、次の手を打つことはとても重要です。

入社理由として最も近いもの（単一回答）上位にランクされるのは、

＊会社の将来性、成長力がある（１位24％）
＊成長出来そう、チャレンジ出来そう（２位19％）
＊大手資本下でのベンチャー企業だから（３位10％）
＊創業間もない成長企業で早くポジションにつける（４位７％）

と、狙い通りとなっています。

また、入社後気づいた良いところ（複数回答可）として、

＊社員の雰囲気が良い（１位57％）
＊役員との距離が近い（２位48％）
＊会社として成長力がある（同率３位36％）
＊残業が少ない、休みが取りやすい（同率３位36％）

となっており、入社後の満足度も非常に高いことが確認出来ています。

顧客開拓も社員採用も「紹介システム」でコミット

採用プロセスにおいて悩みを抱える企業は多いと聞きます。具体的には「面接官が採用意向を高められず、優秀な人材の採用に繋がらない」や「リファーラル採用の方が採用効率が良く、入社後の活躍が期待出来、定着率も良いとわかっているのに、実現出来ない」などです。

私たちは長年住宅業界で培った接客力や紹介獲得力でそれらの問題を解決し圧倒的な採用力を身につけました。

藤原と私の共通点は、長らく住宅業界に従事してきたことです。特に、注文住宅の営業担当者として、個人営業を長年経験しました。実は、この共通点が採用に欠かせないノウハウとなりました。住宅展示場での接客や紹介営業は人材採用と多くの共通点があり、藤原と私はこのノウハウを活用して会社の成長を実現しました。

つまり接客力や紹介獲得力を身に付けて、自社のカルチャーにマッチする人材を確実に採用することが重要なのです。

住宅展示場で磨かれたエンゲージメント力

私たちが注文住宅の営業担当者として活動していたのは、昭和後半～平成前半の時期でした。当時、注文住宅のビジネスモデルは主に住宅展示場を通じて顧客を獲得することが一般的でした。住宅展示場での接客では、住宅展示場を訪れるお客様の心をつかみ、彼らの希望や計画を素早く把握し、当社がどのようにそれを実現出来るかを短時間で伝えるスキルが必要だったのです。

これは採用面接で当社を訪れる候補者に対し、心を掴み、転職によって何を実現したいか把握し、当社ならどうやって実現出来るかを意思疎通することと共通します。

私たちが候補者の発する言葉や表情からその意思の強弱やバックグラウンドを短時間で的確に把握することが出来たのは、優れた展示場接客担当者だったからです。

展示場を訪れるお客様は住宅を建てに来ているのではありません。住宅を建設することによって手に入れることの出来る家族の幸せや、暮らしを得るために展示場に来ているのです。住宅建設は「手段」であって目的ではないのです。

転職活動もまったく同じで、候補者は当社に転職しに来ているのではなく、転職を通じて手に入れることの出来る自己実現を通じた幸せを掴むため、家族との幸せな暮らし得るために面接に来ているのです。転職も目的でなく「手段」なのです。

このことを理解していれば、非常に限られた面接時間を効率的に使い、候補者のこれまでとこれからを丸裸にすることが出来ます。実際に当社の面接では悩み事を洗いざらい話し、面接で号泣した候補者を見たのは一度や二度ではありません。

人生の目的を共通化出来た社員がこれまで入社しているのが、短期間で当社のカルチャーに合う人材を集められた秘訣なのです。

紹介営業で磨かれたリファーラル採用力

注文住宅の営業では、自分が担当して住宅を建設いただいたオーナー様から、次に住宅を建ててもらうお客様を紹介いただく営業スタイルが確立されています。優秀とされる営業担当者は必ずと言っていいほど既顧客からの紹介受注が多いものです。

住宅づくりのプロデューサーとしてお客様の最も高価な買い物に寄り添い、時には厳しいお申し出にも真摯に対応し、最終的に「○○さんのお陰で良い家が建ちました」「△△さんが担当で良かった」と言われる優秀な営業担当者であれば、お客様が営業の代理人となって次の顧客を探してくれるのです。このような営業スタイルを「紹介営業」といいます。

紹介営業ついて藤原にはこんな逸話があります。

現役時代に１２８ヶ月の連続契約という記録を立てている藤原ですが、31歳の時に交通事故に遭い、長期入院を余儀なくされたことがあるそうです。

入院中に身体を動かすことも出来ず、連続契約が途切れる最大のピンチに陥りましたが、このときに藤原を助けたのは既顧客でした。

なんと既顧客から紹介いただいた見込み客と病院内で商談し、病室で契約締結したのです。同じ住宅営業職を経験した私にとっても信じがたい営業力と、お客様からの信頼です。

お客様はその営業力に惚れ「家を建てるんだったら、絶対藤原さんが良い」とファンになるのです。そして知り合いで住宅を検討している見込み客を次々と紹介してくれるようになります。お客様がお客様を連れてくる状態です。

当社では、採用においてもこれと同じことが起きています。

入社を決めた社員が次に入社する社員を紹介することを「リファーラル採用」と言いますが、当社のリファーラル採用比率は同業他社に比べ圧倒的に高いのです。

直近の２０２３年度の実績では、実に入社した社員の39％がリファーラル採用でした。

リファーラル採用の利点は次のようなものが挙げられます。

1　入社後のミスマッチが少ない

入社後に候補者も企業も陥りたくない失敗はミスマッチです。入社してからこんなはずではなかったというのはお互いに良くありません。特にカルチャーにマッチするかどうかは重要で、良し悪しではなく、合うか合わないかが大変重要になってきます。リファーラル採用の場合は候補者も企業側も紹介者を介していますので、紹介者からお互いの情報を得ることで、どちらもその実態を把握しやすくなります。

2　即戦力で活躍が期待出来る

当然ですが、紹介者を通じてその仕事ぶりは伝わっていますから、期待されるパフォーマンスに応じて適材適所に配属が出来ることで、候補者も安心して実力を発揮することが出来ます。

3　次の採用に繋がる

リファーラル採用が多いということは、従業員の満足度が非常に高いことの証です。1回だけにとどまらず、紹介自体が連鎖していく可能性が高くなります。

実際に1人・2人・3人と次々にリファーラル採用をすすめる社員も多く、リファーラルで入社した社員は、入社後自らも積極的にリファーラル採用に貢献する傾向があります。

4　社員のエンゲージメントが高まる

住宅購入も人生の大きな選択ですが、転職も相当に大きな選択です。そんな選択を知り合いに紹介するのは住宅を紹介するオーナーも、勤務先を紹介する社員も大きな責任が伴います。紹介者がいるにもかかわらず「こんなはずではなかった」となってしまうと、大変バツが悪く、気まずい状況になるからです。

それでも紹介するというのは、やはり次に考えておられる方のことを真剣に考えて「役に立とう」と考えているからに他なりません。すると在籍している社員は、いい会社にするために飽くなき努力を続けることになります。リファーラルで入社した仲間に対して責任が発生するからです。在籍している社員が良い会社にすることに責任をもつ状態は従業員のエンゲージメントを更に高める方向に進んでいくことになるのです。

当社でも年に1回エンゲージメント調査を実施しています。そのエンゲージメントのスコアが極めて高く、社員が働き甲斐やこの会社で働けることに誇りを持ってくれています。更に、当社で働くことを友人知人に進めますかという設問についても、大変高いスコアであり、年々向上しています。

「目利き」ではなく「厳選」
～お客様の幸せファースト～

携わる仕事によっては顧客の姿が見えず、自分のやっている業務がお客様や社会のために役立っていることが見えにくいことがあります。

これまで企業の存在価値などの話をしてきましたが、日々の担当者の業務においてそれを実感させるのは職種によっては容易ではありません。

当社では創業間もないながら集まってきた役職員の間には会社や仕事や仲間に対する想いがありましたので、創業間もないころに「企業理念」「ビジョン・ミッション・バリュー」「行動規範」を定義しました。特に日々の仕事の価値を言語化することで、自らの業務がお客様や社会のためになることを実感出来るようにしています。

自らの仕事を誇りに思うことが出来れば、湧き上がる気持ちは更に強くなります。

当社では提供価値をコアバリューと定義し言語化することで、仕事に誇りを持たせることに成功し、湧き上がる組織作りのベースとなっています。

自分たちのやっている仕事に誇りを持たせる言語化が必要なのです。

企業理念、ビジョン・バリューの策定

経営理念・行動規範策定にあたっては、策定方針として以下のとおり定めました。ぜひあなたの会社で作成するときのヒントにしてみてください。

1　社員や経営陣の想いや意見を大切にする……従業員アンケートや、従業員・経営陣へのインタビューに多くの時間を割きました。

2　会社からの押し付けでなく、現場の社員が共感し語り手になれるようにする……同業や異業種の他社の経営理念の情報収集を行い、社員が共感するために必要な条件を徹底的に洗いだしました。

3　若い社員にも受け入れられやすい、情緒的でわかりやすいことばを選ぶ……経営陣は文通やラブレターを書いたことのある世代ですが、若い社員はＳＮＳなどを使いコミュニケーションを取る世代です。言葉を軽くするという意味ではなく、世代を超えて共感してもらえる言葉選びを行いました。

また、理念やビジョンが意味するところ様々な定義や解釈がありますが、当社では以下の通りその意味を定めました。

・企業理念……経営者が大事にしている考え方
・行動規範……経営理念に沿った方向で、組織文化と社員の行動態度を錬磨するためのもの
・ビジョン……実現を目指す、将来のありたい姿です。どの山に登るかに例えられる
・ミッション……果たすべき使命であり、存在意義（Purposeとも置き換えられる）どうやって山に登るかに例えられる
・バリュー……価値観、価値基準。ここでいう、バリューとは組織共通の価値観

ひとつずつその秘められた想いを紹介します。

◇企業理念
お客さまと社会が求める、
理想の住まい・暮らしづくりを通じて、
沢山の幸せを、かたちにしていく。

「沢山の幸せを、かたちにしていく」が、最も重要な文言の位置付けです。お客様や社会に対して幸せをかたちにすることを、掲げています。

これは、落ちこぼれをつくらず、社員が「幸せ」になることに繋がる重要な言葉と定義し、当社が最も大切にしている考え方です。

皆さんの会社で企業理念を制定するならば、どんな言葉を用いますか？

私たちアンケートやインタビューで当社らしい「幸せをかたちにする」に行きつきました。社内の誰もが納得する言葉を選び出すのには、大変な労力が必要ですが、企業が存続する限り最も上位の存在価値となるのが、企業理念です。

他から響きの良い適当な言葉を選んできても、会社の文化にマッチしなければ、意味がありません。妥協することなく納得感のある言葉を選んでもらいたいと思います。

◇ビジョン
お客さまの人生と、
時代にフィットする、
理想の家・暮らしづくり。

想いを込めたのは「人生」という言葉です。当社が提供するのは、お客さまの人生に寄り添うものと考え、時間軸の概念を取り入れました。

住まいは一度きりではなく、ライフスタイルや家族構成によって変化を余儀なくされるものです。その変化は家族からだけでなく、外的な要因で変化を余儀なくされることもあります。当時、社会はコロナ禍で、住宅に対して全く新しいニーズが発生し、ステイホームや衛生環境など暮らし方の変化に直面していました。内外の様々な変化にフィットする住まいや暮らしに価値を求めたのです。

ビジョンは「企業が目指すありたい姿」とされており、中長期的には変わることもあります。自社で検討される際には「どんな状態になれば自社が社会に存在する価値が認められるのか？」を考え、今行っている事業の提供価値を洗い出して制定しましょう。

◇コアバリュー

社会やお客様の〝最善〟を、「厳選」し、「かたち」にする力。

コアバリューは社員の日常の業務に誇りを持つための、重要なワードの位置づけです。ここでは〝最善〟というワードを使っています。

社会やお客様に最善を提供するためにはお客様の暮らしや想い、マーケットを理解する必要があります。「最高」は誰にでも提供することが出来ますが、「最善」はその分野に精通している専門家でないと提供することが出来ません。

「厳選」という言葉にも深い意味を込めています。

これまで社内では「目利き」あるいは「目利き力」と表現することが多かったのですが、この言い方には商売や損得の雰囲気を感じてしまいます。

お客様の人生に寄り添って、専門家として立地も建物も厳しく選ぶことこそ私たちの価値なのです。そうしてたくさんの幸せを提供することが誇りとなるのです。

制定するためには「自社の事業戦略における強み」を確認し、他社と異なる自社の戦略を言葉にしなければなりません。自社の戦略と結びつきの強いコアバリューを発見することが出来れば、その実現に向けて組織の一体感が醸成されるはずです。

策定には「志」が大事～飯田商店のオーナー～

神奈川県足柄下郡湯河原町に〝ラーメンの聖地〟と噂の名店「らぁ麺屋・飯田商店」があります。この名店の経営者である飯田将太氏が、過去にワイドショーにご出演されているのを拝見し感服したことがあります。

番組では飯田氏が修行から起業、有名ラーメン店になるまでのご苦労などを数々のエピソードを交えて紹介されていました。

最後にレポーターの方が飯田氏に「これからの夢はありますか」と問われた時の話です。

飯田氏は躊躇なく「世界進出です」と答えました。

「さすが成功者は大きな夢を持っているな」と思いましたが、その後に続く言葉にさらに感心させられました。

飯田氏は「世界に進出して世界中のお腹を空かしている子供たちに本当に美味いラーメンを食べさせてあげたいのです。それが出来れば全財産を失ってもいいと思っています」と続けたのです。

とても素晴らしい志だと思います。

私は25年も住宅業界にいながら、これまでそんなことを考えたことは無かったです。世界はおろか日本にも住宅で困っている方はたくさんおられるのにも関わらず、まったく考えが至りませんでした。高い志を持って仕事をすれば、そのような考えになるのでしょう。

社員にもそんな志を持って仕事に臨んでくれるように、想いを込めて企業理念、ビジョン・バリューを策定しました。

皆さんも策定するにあたっては、そのような想いを込めてもらえればと思います。

戦略は〝たたかいをはぶく〟と書く
～やることの厳選と集中～

経営において「やった方が良いセオリー」をノウハウとしてまとめた書籍は数限りなく存在しています。ですが、すべてやれば経営はうまくいくのでしょうか？　もちろん、NOです。

経営戦略やマーケティング戦略、人事戦略など経営では〝戦略〟という言葉が使われますが、これは「戦いを略する」と書きます。経営とはやることを決めるのではなく、やらないことを決めることだとも言われます。更にやることが決まったら、やる順番が大切です。大きな企業であれば、やらないこと、やることを決めたら、圧倒的なリソースを投入して一気に戦略を推し進めることが可能ですが、ベンチャー企業や中小零細企業はそうは行きません。人モノ金が圧倒的に不足しているからです。やることを決めたら、やる順番を決めて、限られたリソースを効果的に投入しなければなりません。限られたリソースで、同業他社と戦わないといけないからです。なまじ社員が多いと、あれもこれも取組んでしまって、時間やお金を掛けてしまい、成果が上がらなかったと悩むリーダーも多いはずです。

当社は取組まないことを決め、取組むことも取組む順番を明確にしてから実行しました。

やることとやらないこと

住宅会社が分譲住宅を提供するバリューチェーンを書き出してみると、途方もなくたくさんの活動が必要なことがわかります。簡単に書き出してみても

用地情報収集→仕入契約→企画設計→実施設計→資材調達→施工→集客→提案→販売契約→引渡

と多くの活動があり、それぞれも細分化され、たくさんの活動に分かれます。当社が営業開始した２０２０年1月の在籍人数は24名です。とてもすべての活動を自社で行うことは出来ません。当社では分譲住宅を提供するバリューチェーンの中で、「用地仕入」の活動にアセットを集中させました。「用地仕入」に集中させる戦略を選択したのはいくつかの理由があります。

- **親会社の高松グループの資金力**
- **同ブランド力**
- **住宅不動産業界出身者の営業力**

があったからです。

まず資金力ですが、たいていの戸建デベロッパーは、プロジェクトごとに金融機関から融資を受けます。そのためには実績の積み重ねが必要です。信用を得るまでは、一つのプロジェクトを完売し、資金を返済してから次のプロジェクトとなるのが一般的です。一方髙松建設は２０１９年当時無借金経営をしており、手元に潤沢な現預金を有していました。この資金を活用すればプロジェクトごとの融資は必要無く、希少性の高い住宅用地をスピーディに買い進めることが出来ます。

またブランド力ですが、戸建用地を当社に売却される売主様は、たくさんの購入希望の企業や個人の中から、買主を選ばれます。先祖代々の大切な土地をどこの誰だかわからない企業や個人には売ってはくれません。髙松建設は当時創業１０２年で東証一部に上場する長年の信頼がありました。このブランド力を強みとしたのです。

最後に住宅不動産業界出身者の営業力ですが、タカマツハウスの経営幹部は大手住宅メーカーや、大手不動産仲介で長年経験を積んでいます。マーケットを分析し、不動産の価値を見極める力や、不動産の価値を最大限にする提案力を持っています。またこれまでお話ししてきた、藤原を中心とした落ちこぼれを作らない、湧き上がるチームマネジメント力がありました。

これらの強みを「用地仕入」の活動に集中させることにしました。それ以外の活動については、自社以外の会社にアウトソーシングすることにし、自分たちではやらないことに決めたのです。

自社が取組まない活動を決めるためには、自社の強み弱みや、外部の機会や脅威を把握する必要があります。

マーケティングの一般的なフレームワークにＳＷＯＴ分析がありますが、それらを活用し、自社を取り巻く環境を俯瞰してみることも大切でしょう。

またここでは分譲住宅を提供する主活動をご紹介しましたが、企業には主活動をサポートする支援活動としての本社機能もあります。

こちらもベンチャー企業や中小零細機能において、一気にすべての部門を自社に置くことは不可能です。自社に置くべき機能、自社では取組まない機能を決定し、アウトソーシングすることも大切です。

やる順番

取組まないこと、取組むことが決まったら大切なのはその順番です。２００４〜２０１５年の期間、日本マクドナルドの社長を務めた原田泳幸氏は苦境にあったマクドナルドの業績を回復したとして知られますが、戦略実行の順番が秀逸だったそうです。

事業戦略のステップ

事業拡大のフェーズに必要な戦略を実行。

これまで仕入を重点的に強化してきたが、2022年度（4期）からは販売力の強化を図る。

	事業展開	エリア展開	用地の種類	販売
創業期（1—3期）**仕入強化**	仕入れ先である 仲介業者との 関係を強化。 **仕入営業**の 力を付ける	23区内の 好立地を仕入れ **希少価値**で 勝負	仕入れ営業が 入手した情報で 採算の合うものは **土地売**でも 取組む	他社販売・ 専任返しで **仲介会社との 信頼構築**
拡大期（4—6期）**販売強化**	仕入営業の量と 質の強化により、 用地情報を拡大。 **建売住宅**に 積極的に取組む	立地の良さに加え **建物や 街づくりの 価値**で勝負	**建売**の比率を 高め、住宅会社と してのポジション を構築	自社建売住宅を **自社販売**に よる利益率拡大
成熟期（7期〜）**総合力強化**	創業〜拡大の ビジネスモデルを **全国に展開**	全国の 主要都市に 進出	建売に加え、 **建築条件・ アパート用地** にも取組む	新規展開の エリアでは 創業期と同様に 他社販売で 仲介との 関係性構築を

最初に取組んだのはキッチンの改革です。QSCに取組むとして、Quality（品質）、Service（サービス）、そしてCleanliness（清潔さ）を標準化しました。

特にキッチンでは、いつでも温かく美味しいハンバーガーを提供出来るように標準化に取組んだそうです。

QSCの目途がついた段階で、客数を伸ばすために「100円マック」を導入しました。これによって久しぶりにマクドナルドを訪れたお客が、「マクドナルド安くて美味しいね」となったわけです。その後客単価向上のために「えびフィレオ」「メガマック」などのグランドメニューを投入しました。これらの戦略によって当時のマクドナルドは業績を一気に回復したそうです。

この順番が違っていたらどうでしょうか？　客数を伸ばしたいがために、100円マックを先行してもお客は「美味しくない」「二度とこない」になってしまうでしょう。その状態で高いメニューなど売れるはずがありません。私たちも選択した活動を実行する順番を重視しました。

タカマツハウスでは、創業から3年区切りで事業拡大に必要な活動を順序だてて実行してきました。

1―3期を創業期、4―6期を拡大期、7期以降を成熟期と定義し、創業期には仕入強化↓拡大期には販売強化↓成熟期に総合力強化と考えています。

創業当初は用地仕入を強みとして事業を展開してきましたが、付加価値をお客様に訴求する価値営業を行うためには、自社で教育を受けた販売営業が営業活動を行う必要があります。

4期以降で当初は0名だった販売営業を12名（2024年3月現在）まで拡充しています。これにより他社に支払っていた販売手数料を内製化出来るなど、利益面での効果も上がってきます。また社内に分譲住宅を提供する様々なノウハウが蓄積されることで、当初は土地だけで販売していた事業から建売住宅の取組拡大も図っています。

また注意しないといけないのは、自社を取り巻く環境や内部の環境も刻一刻と変化するということです。

大切なのは変化に対応する力です。先ほど紹介したSWOT分析も創業当時と現在とでは、ずいぶん様子が変わります。最初に決めた「取組まないこと・取組むこと」「取組むことの順番」も環境の変化によって、見直しが必要になります。戦略の選択も順番の選択も、決めた通りに行かないことが問題なのではなく、環境の変化に合わせ変化していないことが問題だと思います。

外部内部環境認識（2023年10月）

	ポジティブ	ネガティブ
内部要因	**Strength（強み）** ■ 高松グループのブランド力・資金力 ■ 仕入営業の人員・ノウハウ ■ 取引先仲介の信頼向上（仕入実績拡大） ■ 首都圏における知名度・存在感向上 ■ 豊富な人的資本（幹部人材・人脈・採用力・エンゲージメントの高さ）	**Weakness（弱み）** ■ 仕入営業の建売経験・知識不足 ■ 設計施工工期が長い（人員ノウハウ不足） ■ 施工原価が高い（他社施工・小ロット） ■ 自社販売力不足（仕入力を先行） ■ ミラクラスのブランド力・認知度が低い
	×	×
外部要因	**Opportunity（機会）** ■ マンション価格の高騰 ■ インフレなどによる注文→分譲住宅シフト ■ 顧客の価値観変化（タイパコスパ重視） ■ 円安による日本の不動産の割安感 ■ 空家対策による優良宅地の供給増期待	**Threat（脅威）** ■ コロナ禍で高まった住宅需要の減速 ■ インフレによる住宅価格高止まり ■ 在庫過剰による価格調整懸念 ■ 人気エリア仕入競争激化（大手の参入） ■ 金利先高感による買控え懸念

外部内部環境認識（2021年9月）

	ポジティブ	ネガティブ
内部要因	**Strength（強み）** ■ 髙松建設傘下の信頼・資金力 ■ 仕入営業の人的資源・ノウハウが豊富 ■ 企業の魅力度（大手資本のスタートアップ）による採用力 ■ ハウスグループで戸建住宅領域（注文・分譲・仲介）全体をカバー	**Weakness（弱み）** ■ 仕入営業の生産性に格差がある ■ 大手競合と比較し建築原価が高い ■ 業界未経験者に対する教育体制が必要 ■ 採用費など事業拡大の先行投資がかさむ
外部要因	**Opportunity（機会）** ■ コロナ禍での住宅ニーズ変化・需要拡大 ■ 中小事業者のマーケットからの撤退 ■ SDGs経営やESG投資の加速 ■ 生産緑地解除による優良宅地の供給増	**Threat（脅威）** ■ 競合大手は過剰在庫を一掃、販売好調に伴う仕入競争の激化 ■ ウッドショックに伴う建築原価の上昇 ■ コロナ禍による一部顧客の購買力低下 ■ 量的緩和の調整局面到来への懸念

感即動
～感じたら即行動！ビジネスにスピード違反なし～

ビジネスの成功要因は数多く在りますが、その成功要因で大きなウエイトを占めるのはスピードであると私は考えます。

当社の行動規範には「常にスピードを意識し、動きながら考えよう」とあり、創業から4年、圧倒的なスピードで成長出来た背景には全社員がスピードを意識して仕事をしてきたから、というものがあります。

会社やチームのスピード感を常に感じてマネジメント出来ているリーダーは果たしてどれだけいるでしょうか？　またあなた自身、スピードある仕事が出来ているでしょうか？

スピードを上げるにはいくつかのポイントがあります。

感即動「感じたら即行動」

「感動」という言葉が論語の『感即動』に由来しているそうです。

私は藤原からこの言葉を聞くまで知らなかったのですが、この言葉は複数の意味があるそうです。

1　感じたら、すぐに動く

2　感じさせることで、人は動く

3　感じ方を変えれば即、行動が変わる

これまで紹介した通り、当社では落ちこぼれを作らず、湧き上がる組織を創るために、社員を囲い込みます。落ちこぼれそうな社員の本質に近づき、感性に訴えかけるコミュニケーションを取ります。

そのコミュニケーションで湧き上がる何かを感じ取った社員達は、即行動に移してもらいたいのです。

「そうだな、明日から頑張ろう」

「来週は必ず」

「感じたけど、何もしない」

は許さないのです。

即行動すれば即結果が出ます。いつまでも行動を変えなければ、結果が変わることはありません。感じさせることと行動させることは常に一対である必要があるのです。

社員に対しては「感じたらすぐ行動すること」、リーダーには「メンバーに感じさせることで、人は動く」ことを意識してもらいます。


また、感じ方を変えるですが、起きた事象の捉え方を変えるということです。

リーダーに置き換えると、メンバーの捉え方を変えさせるということになります。

心理学にＡＢＣ理論と呼ばれる理論があります。

アメリカの臨床心理学者であるアルバート・エリスが１９５５年に提唱した理論で「出来事（Activating events）をどのように受け取るか（思考・信念・考え方＝Belief）によって結論（感情・行動＝Consequences）が決まる、というものです。


人間は起きた事象によって様々な感情を感じる訳ですが、捉え方によって感じ方は大きく異なります。事象が感情をつくるのではなく、捉え方が感情をつくります。

営業の世界でいえば、業務の成果は事象です。

例えば今月の目標が達成出来なかった、あるいは達成したのかは事象ですが、受け取り方によって感情は変わってきます。目標が達成出来なかったとしても、営業活動の中でこれまで出来なかったことが出来るようになり、新たな人脈が広がるなどしたときに、結果に捉われず前向きに自分の成長を実感出来れば、感情の状態も変わってくるはずです。

目標は達成したとしても、人に迷惑を掛けることで信頼を失ったりすれば、その感情は嬉しい達成感では無くなってしまいます。

リーダーはメンバーの価値観だけでは感じることの出来ない捉え方に気づかせることで、メンバーの感情や行動を変えることが出来ると意識してください。

事象のみに左右されない感じ方をリーダーもメンバーも身につけることで、仕事の捉え方も変わってきます。

完璧よりも実行することが重要である「Done is better than perfect.」

FACEBOOK（現Meta）の創業者であるマーク・ザッカーバーグの有名な言葉に次のようなものがあります。

《Done is better than perfect.》（完璧よりも実行することが重要である）

Facebookをより良いものにするには、最初から完璧を目指して開発するのではなく、設計・開発・テスト・改善のサイクルを短期間で繰り返し、少しずつ、素早く良いものにしていく考えに基づくものです。特に変化の速いＩＴ業界では大切な考え方で、Facebookの急成長の背景であると思います。

当社の行動規範は「常にスピードを意識し、動きながら考えよう」としていますが、「動きながら考えよう」に、このスピード感を求めています。

創業して間もない頃は、考えないといけないことが山積みでしたが、一つひとつ止まって考えていては業務が前に進みません。生煮えでもとにかくやってみて、変える必要があれば、変えながら考えるということに取組んできました。そのスピード感が企業の成長には必要です。

同じくＩＴ業界のスピードに関する言葉で「爆速経営」という言葉があります。

これは元ヤフー株式会社代表取締役社長・宮坂学氏（現・東京都副都知事）が２０１２年頃から、経営改革のスローガンとしてお使いになった言葉です。

爆速という言葉で社内の閉塞感を打破し、爆速の意思決定で経営の改革を実現されました。やはり経営にはスピードが大事なのだなと感じさせる言葉です。

既に当社の朝礼についてはお話ししましたが、私にも一分間のコメントが月に一度程度回ってきます。私はいつも言うことが決まっていて、業務のスピードについて全社員に話をします。

切り口は毎月様々ですが、必ず「ビジネスにスピード違反無し」としてから、その時節にあったスピードのある業務や経営について、社員に話をします。

このくだりは定着をしていて、社員は私とのやりとりは特にスピードを意識して取組んでくれているようです。

感即動も爆速経営も、共通するのは「スピード」です。

全社員がスピード感を持って業務に当たれるようにすれば、おのずと事業のスピードが上がります。皆さんにもスピード感ある経営を実践していただきたいと思います。

〝一番に幸せになる〟より、〝長く幸せになる〟を目指す

戦略は順番が大事だが、幸せは順番では決まらない

戦略は戦いを省略することで、やらないことを決めることであり、やることを決めたらその順番を決めることが重要だということは既に述べました。

他にも新卒採用で社員を迎えた際に、人の順番を決めることに意味はなく、それぞれがお客様に感謝され、仲間に認めらえることで幸せになって欲しいと伝えたことについても紹介しました。

「戦略」においては順番が大事です。

しかし「幸せ」には順番はさほど重要ではありません。

戦略は順番を間違えると元に戻すのが大変ですが、幸せは一番に幸せになるよりも、ずっと幸せな状態の方が良いに決まっているからです。

私たちは企業理念においても、行動規範においても、幸せづくりを標榜しています。

現在は業績も良く、従業員のエンゲージメント調査においても高いスコアを誇りますが、

この状態を続けることに意味があって、とんでもないスピードで成長したことは（嬉しいことではありますが）それ自体にはさほど意味はないと考えています。

一番星の輝きも素敵ですが、未来に向けて輝き続ける星であって欲しいと考えているからです。

ブランドメッセージは「お客様の幸せ視点」から決める

当社では、以上のようなブランドメッセージを掲げています。

見晴らしの良い未来
タカマツハウス

『タカマツハウスは「見晴らし」を選び抜いている。
それは、家から見える景色だけのことではない。
その土地が、この先もずっと価値が続くか、将来性を見ているのだ。
だから、労力を注ぎ込み、経験を注ぎ込み、情熱を注ぎ込んでいる。
家探しに迷ったら、その時はタカマツハウス。
物件ひとつひとつから、きっと見晴らしの良い未来が見えるだろう。』

戸建分譲事業を行うにおいて、私たちの価値を認めてくださり、提供した分譲住宅に対価を払っていただくのはお客様です。お客様が当社を選ぶ理由を定義し、お客様にメッセージすることはブランドイメージ向上の点から重要です。

既に述べたように私たちのビジネスモデルは、首都圏において資産性の高い住宅用地を仕入れ、そのエリアのお客様の最善を厳選した商品をお届けすることです。

その提供価値を端的にお伝えするメッセージとして「見晴らしの良い未来」というブランドメッセージを使っています。

「見晴らしが良い」という言葉には2つの意味を持たせています。

1つは、立地を選び抜いたタカマツハウスの家には、資産価値が落ちないという「明るい見通し」があることです。当社がお客様に提供出来る最も重要な価値を表しています。

もう1つは、お客様が求める素敵な住環境を示しています。見晴らしの良い住まいの先に、家族の幸せという未来を描いているのです。

私たちはこのブランドメッセージをつくる過程において、これまでに当社の分譲住宅を購入いただいたお客様にインタビューを実施しました。私たちが提供している住宅のどこに魅力を感じて幸せな未来を私たちに託されたのか、徹底的にお客様に向き合いました。

更にこれまで当社で共に会社をつくってくれた社員に対しても調査結果や、企画意図を

ワークショップにより、社員の納得感を重視

説明し、ワークショップを実施するなど役職員に納得感のあるブランドメッセージを検討しました。そうして定めたメッセージは私たちの提供価値を端的に表すメッセージとして、当社のブランドイメージを向上させるはずだと考えています。

皆で決めた納得感のあるブランドメッセージは従業員にとって誇りとなりますし、日夜お客様のために努力を惜しまない理由となります。

ボトムアップの目標設定は大きいほど良い

私たちが目指す大きなの目標の1つに「1兆円企業にする」があります。

実は、これは新入社員が考えました。実現不可能に思える大きな目標も、新入社員から見れば決して夢ではないと私は思います。彼らには時間があります。

２０２３年４月に新入社員を迎えたことは前述しましたが、初めての新卒採用でしたので、導入の研修など、すべて初めての手作りの受入れを行いました。その研修の最終日に新入社員に目標設定をしてもらいました。

昇進や報酬など新入社員の目線で、いつどうなりたいか書いてくれたのですが、その最終目標は「20年後に1兆円企業にする」でした。

ここまでの3年余りを必死でかたち作ってきた私たちにとって、最初は「ずいぶん勝手なことを書いてくれたな～」と感じましたし、半分は冗談かと受け止めていました。

しかしながらよく考えると、私たちが成長のベンチマークにしている「株式会社オープンハウスグループ」は２０２３年９月の決算で1兆円企業の仲間入りをしました。オープンハウスグループは創業26年だそうです。私たちは２０２３年度が創業から5期目ですので、20年後は25期になります。

自分たちに実現出来るかどうか保証はありませんが、実現した同業者がいる訳ですから、目標とすることはおかしなことではありません。今いる従業員が落ちこぼれを作らず、活躍し、これから私たちの会社に入社する社員が同じように活躍し、幸せづくりを実現してくれれば、決して夢ではないなと考えるようになりました。

～目標～

20年後に1兆円企業にする

2033年　誰もが知る会社にする
2028年　全員年間10件以上契約
2027年　全員年収1000万
2026年　全員主任以上
2025年　2期生の方が良いとは言わせない
2024年　全員で3件契約

◎悩んだらみんなに相談する！

2023.4.22タカマツハウス1期生

少し背伸びして新卒採用の時期を早めたことによって、とても素敵な目標を掲げてもらうことが出来たと考えています。

企業においても若いからこそ、経験がないからこそ思いつくことがあります。

経営幹部やリーダーは、何を馬鹿げたことをと一蹴するのではなく、若手の夢に耳を傾けることが重要です。

過去には事実しかない。未来に希望を掲げる～「これから」が「これまで」を決める～

浄土真宗　真宗大谷派の藤代聡麿《ふじしろとしまろ》さんという名僧が地祇のような言葉を残しています。

《「これまでがこれからを決める」のではない。「これからがこれまでを決める」のだ》

ともすれば人は、どうせ今までこの程度の人生しか歩んでこなかったのだから、この先もたいしたことない。私の人生はこんなものだと決めつけてしまうものです。

しかしも私たちは、幸せな未来を実現するために自ら選択した社員が集まって事業を行っています。そして4年間足らずで、新しい歴史をつくって来ました。

そして新卒を除き、当社で活躍している社員は中途採用です。代表の藤原や私も例外ではありません。前職で実現出来なかった目指す姿を実現するために、自らが選択をして当社に入社しています。

ただし、今となってはこれもすべて過去のことです。「これから」を決めてくれるものではありません。

これから私たちが落ちこぼれを作らず、お客様や社員の幸せに向き合うことで、当社のカルチャーはカタチとなるのです。

過去に起こった出来事は変えることが出来ませんが、その意味を変えることは出来ます。新たなチャレンジで集まった社員にとって大切なのは、過去ではなく未来です。

あなたの会社にもこれまでの歴史があると思います。歴史は「過去」です。

もちろん、それを軽んじろと言いたいのではありません。それは1つの「事実」として受け止めた上で、それでも大切なのは「これから」なのです。

その想いを大事に、未来に希望を掲げて、あなたの会社の「これから」を作って行ってください。

タカマツハウスの創業からの歩み（①～④期）

2019年 9月 恵比寿駅前の雑居ビルで事業開始（社員数3名）
12月 コーポレートサイト公開
2020年 1月 実質的な営業開始（社員数24名）・国内初コロナ感染者
2月 準備室からプライムスクエアタワー10階に移転
3月 ミラクラスブランド制定・インセンティブ制度制定

➔①戦略検討・制度設計

2020年 4月 コロナ緊急事態宣言
9月 1号案件販売契約（横浜市弥生台）
12月 田村顧問（現取締役副社長）入社

➔②戦略実行&練直し・幹部採用

2021年 4月 61億円の販売在庫を持ってスタート（社員数44名）・未経験採用開始
9月 プライムスクエアタワー15階に移転・毎月大量入社・報酬制度確立
11月 企業理念・行動規範制定
2022年 1月 運転資金借入700百万（枠最大）
3月 第3期黒字決算（売上78.8億円・営業利益1億円）

➔③コロナ特需・規模追求

2022年 4月 中核会社化・営業部門2本部体制（社員数93名）
7月 運転資金完済
2023年 1月 設計施工統括本部・経営企画本部・経営管理本部設置
3月 第4期決算（売上191億円・営業利益8.5億円）

➔④コロナ特需+湧き上がる組織

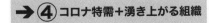

あとがき

私は読者の皆さんへ、本書を通じて「落ちこぼれをつくらない、湧き上がる組織」の実現と、それを通じての社員とお客様の幸せを追求する藤原元彦のマネジメントの極意を共有しました。

タカマツハウスの経営を通じて、社員一人ひとりが持つ無限の可能性を信じ、一人ひとりが自分史上最高のパフォーマンスを発揮出来た時、組織は湧き上がり、あらゆる困難に立ち向かう力を発揮することを知りました。

私は前職では落ちこぼれる社員に寄り添うことが出来ず、疲弊する社員とともに自分も疲弊し落ちこぼれていく感覚を味わいました。

私の方針や指導はいつも正論で、メンバーに反論の余地すら与えませんでした。正しいことをやっているのに、なぜ成果が出ないのか？　焦る気持ちから結果にコミットするのではなく、結果のみを追求する殺伐とした組織を作り上げてしまいました。

読者の中にも私と同じような経験や、感覚を感じている方がいるはずです。責任感があって責任に向き合えば向き合うほど、同じような感覚に襲われるのではないでしょうか。

そんな読者には、本書を通じて共有した「社員の幸せ」に向き合って、一人ひとりが持つ可能性に向き合ってもらいたいのです。

みんな幸せになりたいですし、みんな落ちこぼれたくはありません。

私は当社でみんなに応援され、苦労した先に掴んだ成果で、幸せそうに微笑む社員をたくさん見てきました。幸せは全従業員で共有することで、みんなが幸せを感じるパワーになります。

本書を通じて、皆さんが落ちこぼれをつくらない、湧き上がる組織を実現し、幸せな社員や幸せな会社を実現されることを願ってやみません。


最後になりましたが、当社の親会社である髙松コンストラクショングループと髙松孝之名誉会長についてお話しします。

髙松コンストラクショングループは東証プライムに上場する純粋持株会社で、傘下に不動産有効活用の髙松建設、大型土木・建築の青木あすなろ建設、海洋土木のみらい建設工業、法面工事・耐火工事の東興ジオテック、そしてタカマツハウスを中核会社として、20社からなる準大手ゼネコンです。20社の中には、世界最古の会社とされる金剛組などがあり、建設会社としては珍しくM＆Aで成長したユニークな企業集団です。

１９１７年に髙松孝之の父・髙松留吉氏が、前身となる髙松組を創業したところからその歴史が始まります。髙松留吉氏は１９５９年に急逝し、長男の髙松孝之名誉会長と弟の孝育氏が、その経営を引き継ぎました。当時は従業員数10名にも満たない工務店で、やがて在籍した従業員も退職してしまったと聞きます。

その髙松組を一代で、東証プライムに上場する従業員数５０００名超の企業に育て上げた髙松孝之名誉会長の経営手腕は、尊敬の念に堪えません。

その髙松孝之名誉会長が「最後の夢」として、想いを託したのがタカマツハウスの戸建住宅事業です。当時82歳だったそうですが、自らが作り上げた企業を更に成長させようとする、並々ならぬ経営者としての執念に迫力を感じます。

これほどの経営者が「最後」と言い切る「夢」ですから、その実現への想いの強さに「自分たちで出来るのだろうか？」と不安に駆られたこともあります。

そんな想いを託され、社長に就任した藤原には、また別の想いを託す恩人がいました。積水ハウス元代表取締役ＣＥＯ・和田勇氏です。

２０１７年に積水ハウスが被害に遭った「地面師事件」に端を発したクーデターによって、和田氏はその職を解かれました。この事件は当時住宅業界のみならず、産業界で大きな話題となりました。

その後、2020年2月に和田氏が中心となり、積水ハウスのガバナンス改革を求めて株主提案が行われました。藤原は取締役候補としてこの株主提案に参画することになります。当社が営業を開始したのが2020年1月ですから、まさに当社の船出と同時期の出来事です。

和田氏から取締役候補を打診された藤原は悩みに悩んだそうですが、ガラス張りのガチンコ勝負が信条の藤原は、大阪にいる髙松孝之名誉会長に面談の約束を取り付け、和田氏の打診を包み隠さずすべて話しました。

黙って話を聞いた髙松名誉会長は、一言「和田さんを助けてあげなさい」とつぶやいたそうです。「和田さんに世話になったのなら、その恩を返せばよい」そう肩を押された藤原は「髙松名誉会長の最後の夢の実現」と「恩返しのための株主提案」の二つの戦いに挑むことになったのです。

2020年4月の株主総会で株主提案が反対多数で否決され、恩師のために戦い抜いた藤原は、改めて当社の経営のかじ取りに集中することになりました。

髙松孝之、和田勇、藤原元彦の3名の経営者が、この時に行った決断で共通するのは「縁や恩を大切にすること」だったと感じます。

先に紹介しましたが、当社ではお客様や社員、その関係者を幸せにするための行動規範として「フェア」を掲げ、その中に「礼節を重んじ、縁や恩、感謝する心を大切にしよう」と定めています。

私は当時の出来事に、改めて縁や恩の大切さを学びました。そして、私たちには創業から現在まで我々の拙い経営を見守り、指導を頂いた名誉会長には大きな恩があります。ここまでの当社の成長を目を細めて嬉しそうにお聞きになるお姿を拝見すると、幸せな気持ちになります。

もっと良い会社にして沢山の幸せを提供し、「最後の夢」を実現することで、恩返しすることが出来ればと考えています。

また、本書では藤原元彦のマネジメントの側面から、当社の急成長について、そのノウハウを共有しました。一方でこの急成長を実現出来たのは創業以来、湧き上がる組織に身を置き、お客様や自らの幸せづくりのために、不断の努力をした役職員のお陰です。この場を借りて、お礼申し上げます。

更に私たちの株主である髙松コンストラクショングループを始め、髙松グループ各社の役職員の皆様のサポートによって、私たちの成長が実現出来たこと。更に大和ハウス工業を退職後も変わらずお付き合い頂いている取引先の皆様にもたくさんのお力を頂きました。この場を借りて御礼申し上げます。

金田健也（かねだ・たつや）
タカマツハウス株式会社 取締役・専務執行役員。
タカマツハウス「創業メンバー」。大手住宅メーカー大和ハウス工業出身。大和ハウス工業では、戸建住宅事業のマーケティング部門の責任者を務めたのち、埼玉・横浜の住宅事業部長を歴任。2019年10月、タカマツハウス執行役員経営企画本部長に就任。大和ハウス工業のライバル企業である積水ハウスで最年少支店長・本部長を歴任し数々の記録を打ち立てた藤原元彦氏と共に、タカマツハウスの立上げを行う。2022年3月期決算において売上高約80億円、営業利益約1億円の黒字化に成功（事業開始から3年）。2023年3月期決算では売上高191億円を達成。実質「4年で年商191億円」を達成。営業利益は8億円（前年比8倍）。従業員3人から始まったタカマツハウスは現在従業員数130名を超え、成長を続けている。

url：https://takamatsu-house.co.jp/

全員《ぜんいん》を稼《かせ》ぐ社員《しゃいん》にする、最強《さいきょう》チームの作《つく》り方《かた》

2024年5月9日　初版発行
2024年7月16日　3刷発行

著　者　金　田　健　也
発行者　和　田　智　明
発行所　株式会社　ぱる出版
〒160-0011　東京都新宿区若葉1-9-16
03(3353)2835―代表
03(3353)2826―FAX
印刷・製本　中央精版印刷(株)
本書籍に関するお問い合わせ、ご連絡は下記にて承ります。
https://www.pal-pub.jp/contact

ISBN978-4-8272-1446-8　C0034